DER ACHTSAME BLICK

Der achtsame Blick

SOPHIE HOWARTH

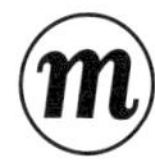

1. Auflage 2022
ISBN 978-3-03876-237-9

Text: © 2022 Sophie Howarth
Design: Matthew Young
Übersetzung: Martina Panzer
Lektorat: Dr. Friederike Römhild
Layout: Ulrich Borstelmann

Printed in China

Originaltitel: *The Mindful Photographer*
© 2022 Thames & Hudson Ltd, London

Bibliografische Information der Deutschen Bibliothek
Die Deutsche Bibliothek verzeichnet diese Publikation in der Deutschen Nationalbibliografie unter www.dnb.de.

Der Midas Verlag wird vom Bundesamt für Kultur für die Jahre 2021–2024 unterstützt.

Midas Verlag AG, Dunantstrasse 3, CH 8044 Zürich
kontakt@midas.ch, www.midas.ch,
socialmedia: follow midasverlag

Inhalt

Einleitung ... 6

1. Klarheit ... 12
2. Neugier ... 20
3. Hingabe ... 28
4. Vertrauen ... 34
5. Bescheidenheit ... 40
6. Kulturelle Achtsamkeit ... 46
7. Dankbarkeit ... 52
8. Offenheit ... 60
9. Doppeldeutigkeit ... 70
10. Spielerische Leichtigkeit ... 82
11. Ausdauer ... 92
12. Mitgefühl ... 98
13. Ehrlichkeit ... 106
14. Akzeptanz ... 114
15. Großzügigkeit ... 120
16. Vergänglichkeit ... 126

Nachwort ... 134

Quellenangaben ... 136

Weiterführende Literatur ... 141

Bildnachweise ... 142

Danksagung ... 144

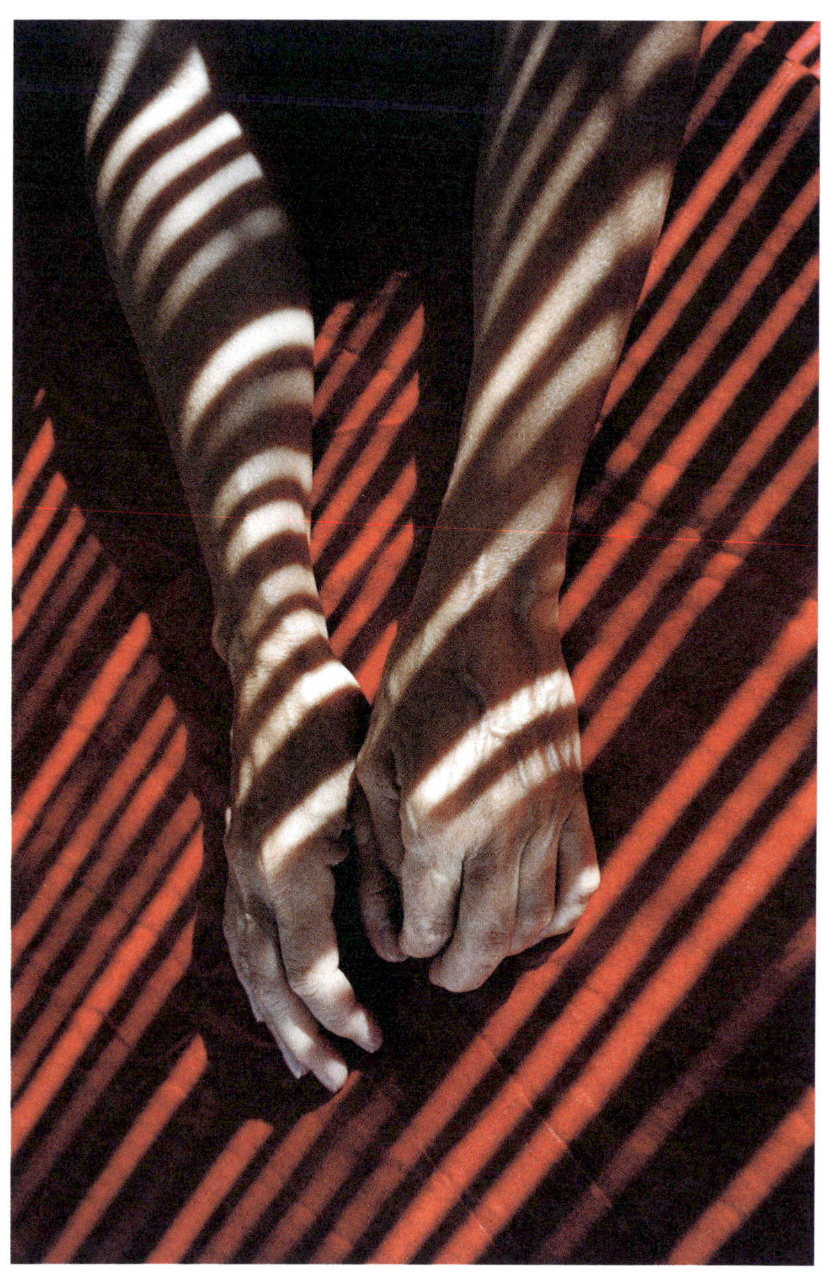

Marguerite Bornhauser
Ohne Titel, Rote Ernte, 2019

Einleitung

Wenn sich das Rad der Zeit immer schneller dreht, gehe langsamer.
BAYO AKOMOLAFE

Während ich dieses Buch schreibe, hat die Angst die Welt fest im Griff. Die Erderwärmung schreitet in alarmierender Geschwindigkeit voran und führt zu irreversiblen ökologischen Schäden und erbitterten Kämpfen um die verbleibenden Ressourcen. Die COVID-19-Pandemie hat ein Schlaglicht auf die seit Langem bekannten Ungerechtigkeiten in puncto Herkunft, Finanzen, Gesundheit und Bildung geworfen. Angesichts dieser Krise haben Länder ihre Grenzen zu gemacht und Führungspersönlichkeiten ihre Herzen verschlossen. Folgende Frage liegt für mich daher auf der Hand: »Wie wichtig oder nützlich ist ein achtsamer Blick in diesen Zeiten?«

Sofort drängt sich eine erste Antwort auf: Ein achtsamer Blick steigert das Wohlbefinden und die Resilienz. In schwierigen Zeiten sucht jeder von uns nach Aktivitäten, die uns Freude bringen, dem Alltag einen Sinn geben und uns immun gegen Verzweiflung machen. Wir wollen die Schönheit unserer Welt wahrnehmen und kreative Wege finden, dankbarer für die Menschen und Orte zu sein, die wir lieben. Das ist kein zu großer Wunsch, sondern der sicherste Weg, um für alle diese Herausforderungen gut gewappnet zu sein und optimistisch zu bleiben.

In jedem Augenblick haben wir die Wahl, uns auf etwas Gutes oder Schlechtes zu konzentrieren. Manchmal hilft es, sich den schlimmsten Fall vorzustellen und uns mit Schmerz, Ärger, Trauer und Frustration zu konfrontieren. Doch lähmen lassen dürfen wir uns von diesen negativen Emotionen nicht! Meist ist es hilfreich, etwas Positives, Ermutigendes oder Tröstendes zu suchen, mit geliebten Menschen zusammen zu sein und die glücklichen Momente zu genießen. Damit nähren wir unsere Hoffnung und führen uns vor Augen, dass Freude jederzeit möglich ist. Die *New Economics Foundation* ist eine Denkfabrik, die anstrebt, die Wirtschaft so umzugestalten, dass sie sowohl für die Menschen als auch für unseren Planeten besser funktioniert. Das Institut nennt fünf Maßnahmen, die nachweislich für die Gesundheit und das Wohlbefinden des Einzelnen eine Grundlage sind. Dazu gehört, die eigene Umgebung bewusst wahrzunehmen:

> Nehmen Sie wahr. Seien Sie neugierig. Lenken Sie den Blick auf das Schöne. Erkennen Sie das Ungewöhnliche. Nehmen Sie die sich ändernden Jahreszeiten wahr. Genießen Sie den Augenblick – egal, ob beim Spazierengehen, Mittagessen oder Gespräch mit Freunden. Achten Sie auf Ihre Umgebung und Ihre Gefühle. Denken Sie über Ihre Erfahrungen nach, um zu erkennen, was Ihnen wirklich wichtig ist.

Jeder Fotograf kann bestätigen, dass die Wahrnehmung eine Fähigkeit ist, die man schulen kann. Je mehr Zeit Sie mit Hinschauen verbringen, desto schärfer wird Ihr Blick und desto häufiger erkennen Sie die Geschenke, die sich auf den ersten Blick verbergen. Um das zu lernen, benötigen Sie eine beliebige Kamera – es muss noch nicht einmal einen Film eingelegt sein. Die berühmte amerikanische Kunstlehrerin Sister Corita Kent bat ihre Studierenden, mit einem »Sucher« zu arbeiten: einem 35-mm-Schieber oder leeren Blatt Papier mit einem ausgeschnittenen Rechteck in der Mitte.

So sollten sie die Welt mit ausgeruhten Augen sehen, und zwar Stück für Stück. Diese Übung zeigt uns, dass unsere Sinne durch Suchen und nicht durch Design und Gestaltung geschärft werden. Für den Fotografen Elliott Erwitt »kann keine Technik der Welt die Wahrnehmung ersetzen«.

Natürlich ist das persönliche Wohlbefinden ein guter Grund, sich mit dem achtsamen Blick bzw. einer achtsamen Fotografie zu beschäftigen, aber für mich hat das Thema noch ein größeres soziales Ziel. Die Welt kämpft gegen die komplexen und miteinander zusammenhängenden globalen Herausforderungen, Filterblasen bedrohen unseren klaren Blick und Erschöpfung unser Engagement. Mit einem achtsamen Blick in der Fotografie können wir üben, gleichzeitig nach innen und nach außen zu schauen und nicht nur der Welt um uns herum, sondern auch unserer eigenen Reaktion darauf mehr Aufmerksamkeit zu schenken. Wir lernen, genau hinzuschauen, Klarheit zu schaffen und Mitgefühl zu kultivieren – zwei Werte, die der Buddhismus als die »Flügel eines Vogels« beschreibt. »Achtsamkeit ist nicht die Antwort auf alle Fragen, aber sie kann die Grundlage sein«, argumentiert die Zen-Priesterin und Aktivistin Angel Kyodo Williams. »Nur sie kann uns in diesen Zeiten tragen und durch alle Unwägbarkeiten lenken.«

Die Fotografie kann – wie alle Technologien – unsere Gegenwärtigkeit in der Welt verstärken oder abschwächen. Jeder von uns kennt den Anblick von Menschen, die hinter einer großen Spiegelreflexkamera verschwinden, hinter einer Smartphonekamera kleben oder wissen, dass die Kamera eigentlich nur eine Ablenkung ist. Viele Fotos zu machen, heißt nicht automatisch, sich in Achtsamkeit zu üben. Doch die Aufnahme gut durchdachter Fotos kann uns in einen unvergleichlichen Zustand von Klarheit, Neugier, Mitgefühl, Ruhe und Selbstvertrauen versetzen. Wir werden dem sich entfaltenden Leben gegenüber wachsamer und befreien uns von der Welle an Urteilen, die uns und alles um uns herum überflutet. Bei der achtsamen Fotografie geht es darum, die winzige Lücke zwischen dem tatsächlichen Geschehen und unserer subjektiven Reaktion darauf aufzubrechen, um einen kurzen Moment lang in die Fülle und Frische der direkten Wahrnehmung einzutauchen. Wir können uns selbst mit der Kamera schärfer auf unsere Umgebung einstellen. Die Fotografin Dorothea Lange hat es auf den Punkt gebracht: »Die Kamera ist ein Instrument, das den Menschen beibringt, ohne Kamera zu sehen.«

Achtsamkeit ist weder eine Religion noch eine Ideologie, sondern ein einfacher Weg, selbst über unsere wertvollste Ressource – unsere Aufmerksamkeit – zu bestimmen und sich gegen alles zu wehren, was an uns zerrt und uns zerstreut, das kolonisiert und kapitalisiert. Eine Anleitung zu einem achtsamen Leben findet sich in fast allen Kulturen und die Inspiration zu diesem Buch entspringt einer breiten Palette an Quellen wie den spirituellen Traditionen des Ostens und Westens sowie der Wissenschaft, der Poesie und der Philosophie. Die Fotografen, die ich vorstelle, lichten Landschaften und Tiere, aber auch Stillleben, Kriegsszenen, Straßen und Familien ab. Viele von ihnen lassen sich keiner Kategorie zuordnen. Aber ihre Vielfalt zeigt, dass man sich jedem Motiv mit Neugier und Bescheidenheit nähern kann. Wahrscheinlich werden einige Ideen und Fotografen Sie mehr ansprechen als andere. Nehmen Sie Ihre Reaktionen wahr, aber lassen Sie sich nicht von ihnen einnehmen.

Die Kapitel des Buches sind nach Geisteshaltungen benannt, denn ich habe mich mehr auf die Fotografen als auf die Fotos konzentriert. Ich vermute, dass Sie beim Durcharbeiten des Buches Fotos aufnehmen werden, auf die Sie stolz sind und die andere bewundern. Außerdem hoffe ich, dass Sie erfahren, dass Sie auf Leistung und Anerkennung nicht angewiesen sind. Dieses Buch soll keinen erfolgreicheren Fotografen aus Ihnen machen, sondern Ihnen zeigen, wie Sie Ihr Leben durch das Fotografieren in vollen Zügen, frei und ohne Angst leben können.

Egal, ob das Thema Achtsamkeit in der Fotografie für Sie neu ist oder Sie es bereits beherrschen: Ich lade Sie ein, es mit der einfachen, offenen Neugier auszuprobieren, die im Zen-Buddhismus als der »Geist des Anfängers« bezeichnet wird. Sie haben dieses Buch mit einer Reihe von Einstellungen und Erwartungen in die Hand genommen. Bitte versuchen Sie, diese nun abzulegen. Ohne Erwartung an das Ergebnis werden wundervolle Dinge möglich.

Es gibt nichts zu tun
und kein Ziel.
Wenn das klar ist,
können wir alles tun
und jedes Ziel erreichen.

Mark Nepo

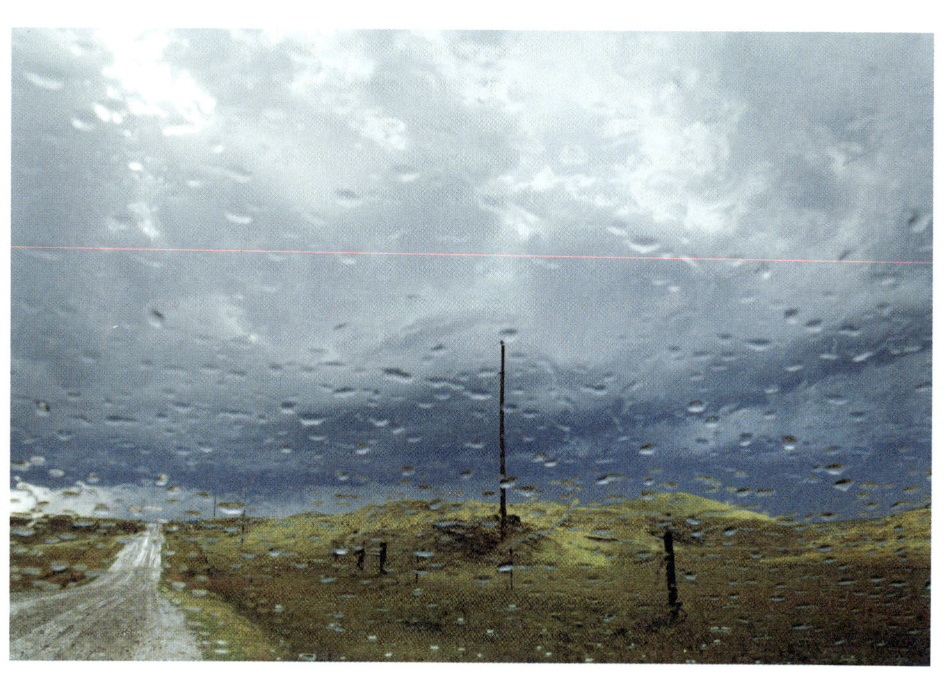

Rebecca Norris Webb
Sturmlicht, nahe Fairburn, Süddakota, 2011

Klarheit

Eine zentrale Idee im buddhistischen Denken besagt, dass der Geist von Natur aus klar und strahlend ist. So wie sich Wolken vor die Sonne schieben, wird sein Leuchten durch äußere Kräfte verschleiert – die Gedanken, Gefühle, Wünsche und Urteile, die unseren Geist blockieren und für das Leiden sorgen. Zwar ist die Erleuchtung ein hohes Lebensziel, doch Achtsamkeit kann uns helfen, die Welt klarer und weniger durch die Brille unserer Erwartungen und Sorgen wahrzunehmen. Die Autorin und Fotografin Margaret Wheatley fasst diese Idee hervorragend zusammen: »Unsere Taten werden durch die wirren und vernebelten Visionen behindert, die aus unseren persönlichen Anforderungen und Neigungen entstehen. Geblendet durch unser ›Selbst‹ nehmen wir all die offensichtlichen Informationen in einer bestimmten Situation nicht mehr wahr. Wir müssen uns der Welt öffnen, ohne sie an unsere Vorlieben anzupassen. Dann erkennen wir, dass sie unser Verbündeter ist, eine Quelle an Informationen, die uns klar erkennen und geschickt handeln lässt.«

Der amerikanische Fotograf Robert Adams hat die Veränderungen der Landschaft im Westen der USA über fünfzig Jahre dokumentiert.

Dabei hat er sich vor allem darauf konzentriert, wie die Umwelt durch den Eingriff des Menschen in die Natur zerstört wird. Seine Arbeiten zeigen tiefe Hingabe und Fürsorge, doch sein Stil zeugt von kühler und klarer Restriktion. Seit Langem beschäftigt er sich mit dem buddhistischen Ideal des *bodhisattva*, einer Person, die Selbstbetrachtung und Mitgefühl durch strenge Geistesübungen kultiviert und sein Leben der guten Sache widmet. »Seien wir ehrlich: Den Aufwand ist es nur wert, wenn wir versuchen, nützliche, nachhaltige Fotografien zu machen«, erklärt Adams. »Ich möchte dokumentieren, was im Westen wunderbar ist und bleibt, obwohl wir ihm so viel angetan haben. Ich möchte das ehrlich zeigen. Aber ich möchte auch zeigen, was stört und korrigiert werden muss. Die beste Möglichkeit, das zu tun – und davon träumt jeder Künstler –, ist, ein Motiv immer wieder im gleichen Ausschnitt aufzunehmen. Du suchst immer nach dem Bild, das beides einfängt.«

In seinem Artikel *Seeing the Light* (Das Licht sehen) beschreibt der weltliche Buddhisten-Lehrer Stephen Batchelor, wie die Fotografie und die Meditation für ihn auf dem Weg zum klaren Sehen untrennbar miteinander verwoben sind. »Auf den ersten Blick scheinen Fotografieren und Meditieren nichts miteinander zu tun zu haben. Beim Fotografieren schaut man durch das Medium der Kamera nach außen in die visuelle Welt und beim Meditieren konzentriert man sich ohne Medium auf das Innere. Während der Fotograf ein Abbild der Realität schafft, geht es beim Meditieren darum, die Realität so zu sehen, wie sie ist. Ich fotografiere und meditiere seit nunmehr drei Jahrzehnten und habe festgestellt, dass diese beiden Aktivitäten in einem Punkt zusammenfließen, an dem sie für mich nicht mehr unterscheidbar sind.«

Ein Fotograf kann
nur dann eine bessere
Welt beschreiben,
wenn er sie so
betrachtet, wie sie vor
ihm liegt.

Robert Adams

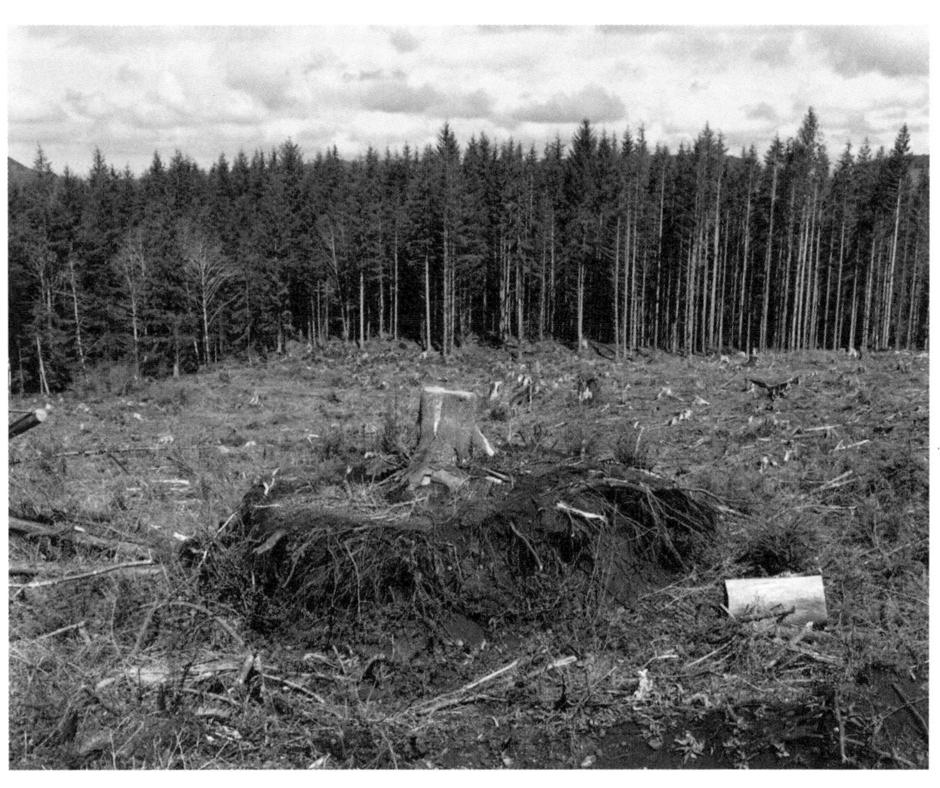

Robert Adams
Clatsop County, 1999–2003

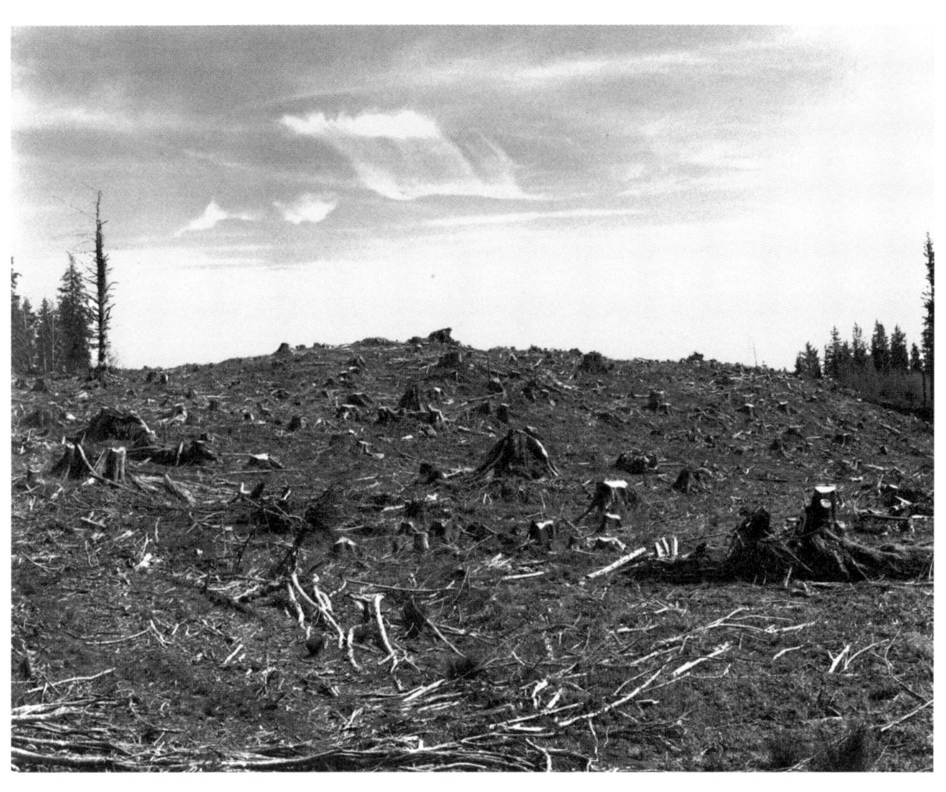

Robert Adams
Clatsop County, 1999–2003

ACHTSAMKEITSÜBUNG

Einfache Meditation

Für Fotografen, die die Welt klarer sehen möchten, ist Meditation eine wichtige Methode. Führen Sie diese Übung wie einen kreativen Putzplan durch, als würden Sie die Fenster Ihrer Wahrnehmung reinigen. Üben Sie in Ruhe und mit spürbarer Konzentration.

Sie benötigen kein Kissen und auch keine Kerzen, Glöckchen oder Apps. Bei der Achtsamkeitsmeditation können Sie einfach zuschauen, wie Ihre Gedanken und Gefühle kommen und gehen, und erkennen, dass Sie nicht immer darauf reagieren müssen. Es ist erstaunlich schwierig, still zu sitzen, während sich das Karussell in Ihrem Geist weiterdreht. Sie müssen aber nicht jede Drehung mitmachen. Mit dieser Erkenntnis wird die Meditation zu einer wertvollen Übung, mit der Sie nicht nur mehr Klarheit erhalten, sondern auch Ihre Geduld mit anderen und mit sich selbst trainieren.

1. Finden Sie einen Ort, an dem Sie ungestört und bequem sitzen können. Setzen Sie sich für eine bestimmte Zeit hin. Wenn Sie noch nie meditiert haben, sollten Sie etwa 10 Minuten lang üben.

2. Es spielt keine Rolle, wo Sie sitzen, aber Sie sollten eine bequeme Position finden, in der Sie eine Weile verharren können. Legen Sie die Hände in den Schoß und richten Sie Ihren Blick auf Ihre Hände. Richten Sie den Rücken auf – als Zeichen von Würde und Disziplin.

»Meditiere täglich zwanzig Minuten. Es sei denn, du bist sehr beschäftigt. Dann solltest du eine Stunde lang meditieren.«

ZEN-SPRICHWORT

3. Konzentrieren Sie sich auf Ihren Atem und spüren Sie, wie Sie ein- und ausatmen. Atmen Sie nicht besonders schnell oder langsam, sondern beobachten Sie einfach Ihren natürlichen Atem.

4. Wenn Ihnen unweigerlich Gedanken in den Kopf kommen, lassen Sie sich nicht darauf ein, aber drücken Sie sie auch nicht weg. Nehmen Sie sie einfach wahr wie Wolken, die am Himmel ziehen. Was werde ich frühstücken? Wohin habe ich das Buch gelegt? Warum juckt mein Fuß? Sobald Sie feststellen, dass ein Gedanke durch Ihren Kopf geht, lösen Sie sich von ihm und konzentrieren sich wieder auf Ihren Atem. Denn Meditation ist kein Wettkampf mit Ihnen oder anderen. Sie werden nicht »besser«, wenn Sie weniger denken, aber Sie können Ihre Aufmerksamkeit schulen, wenn Sie sie vorbeiziehen lassen.

5. Sobald die Zeit abgelaufen ist, heben Sie Ihren Blick. Nehmen Sie die Geräusche und Zeichen Ihrer Umgebung wahr. Wie fühlt sich Ihr Körper jetzt an? Bedanken Sie sich bei sich selbst dafür, dass Sie sich Zeit für diese Übung genommen haben. Vereinbaren Sie gleich mit sich, sie morgen wieder zu praktizieren.

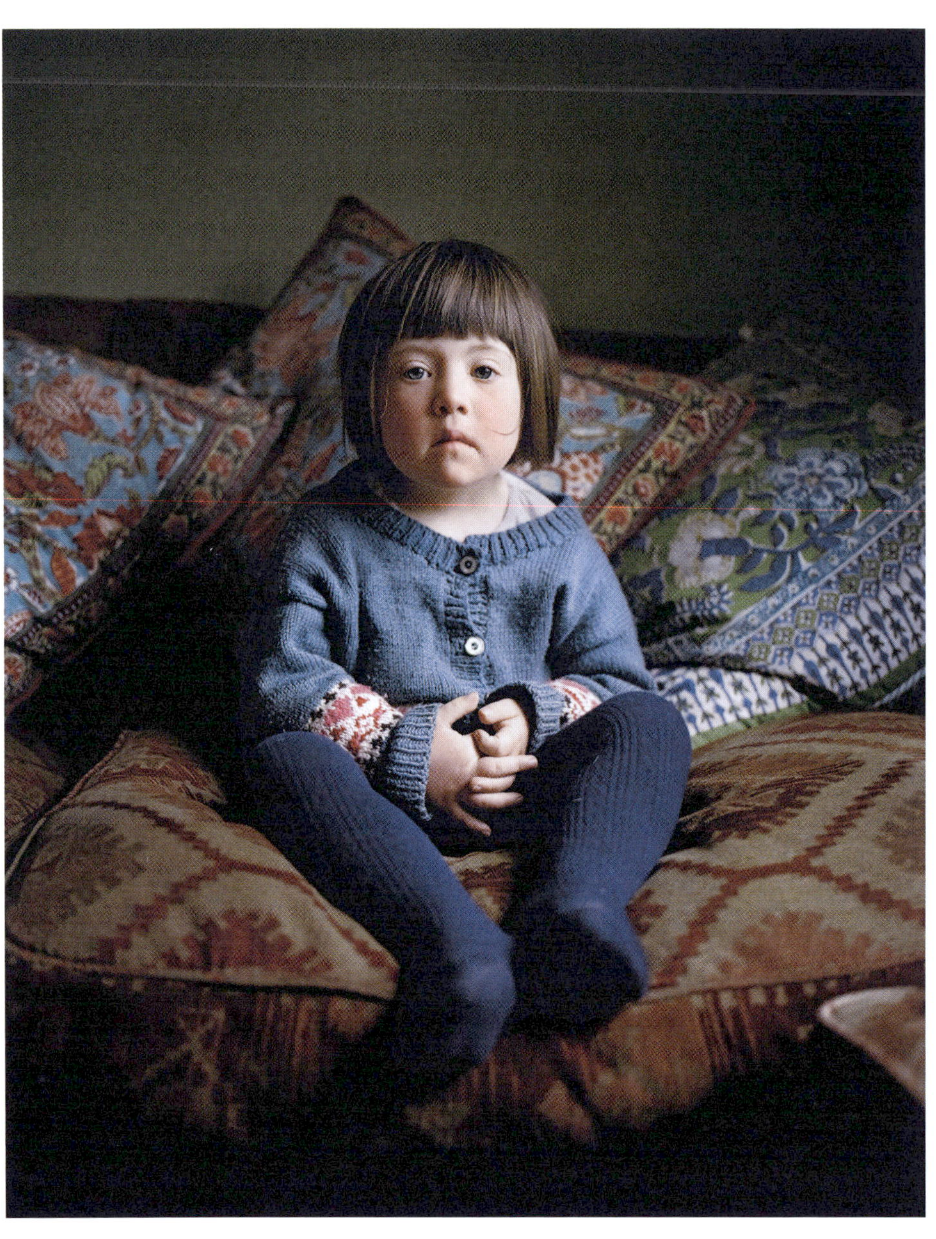

Siân Davey
Auf der Suche nach Alice, ZUHAUSE, Dezember 2014

Neugier

Als achtsame Fotografin vereinen Sie unersättliche Neugier mit einem uneingeschränkt offenen Geist. Dieses Staunen über die Wunder dieser Welt wird im Zen-Buddhismus als *shoshin* bezeichnet (meist übersetzt mit »Geist des Anfängers«) und beschreibt die Fähigkeit, alle kreativen Möglichkeiten offen zu lassen. Der Fotograf Bill Brandt beschreibt dies sehr treffend: »Es gehört zum Job des Fotografen, intensiver zu schauen als die meisten Menschen. Er muss so aufgeschlossen wie ein Reisender in einem fremden Land oder wie ein Kind, das zum ersten Mal in die Welt blickt, sein und bleiben.«

Neugier ist das Markenzeichen der Arbeiten des nigerianisch-amerikanischen Fotografen und Autors Teju Cole. In seiner Artikelsammlung *Known and Strange Things* (Bekanntes und Fremdes) zeigt sich sein Interesse an Geschichte, Literatur, Herkunft, Kunst, Politik und vor allem Fotografie. Häufig beschreibt er das Gefühl der Entfremdung, das er als Außenseiter empfindet – als Fremder in einem neuen Land, als Schwarzer in der vorrangig von Weißen beherrschten Welt der Kunst und Literatur. Mit seinen Fotografien findet er Denkanstöße in scheinbar unspektakulären Aspekten des Alltags: Wänden und Fenstern, Ecken und Containern,

Zeichen in bekannten und unbekannten Sprachen, unpassenden Paaren, bewusster Verwirrung und unbewusster Verschleierung. Seine Motive bleiben auf den ersten Blick meist verborgen, bis er sie mit seiner Kamera »herauspickt« und häufig mit einem Text versieht. Dann werden Sie zur Grundlage für Reflexionen zu Bekanntem und Unbekanntem, zu Lernen und Nicht-Lernen. »Für mich sind Fotografie und Schreiben eng miteinander verbunden. Eine Verbindung, die ich über mehrere Kanäle für mich aufgebaut habe: Ich mache Bücher aus meinen Fotos und Texten, ich schreibe Kritiken, beschreibe die Fotos in meinen fiktionalen Texten und ich interessiere mich sehr für Fotografen, die ebenfalls schreiben … oder Schriftsteller, die auch fotografieren«, erzählt er.

Die britische Fotografin Siân Davey war fünfzehn Jahre lang Psychotherapeutin, bevor sie Fotografin wurde. Auch sie interessiert sich für Identität, Zugehörigkeit und Entfremdung. »Schon in jungen Jahren entwickelte ich eine natürliche und andauernde Neugier dafür, wie die Menschen ticken. Ich wollte immer verstehen, wie sie sich in der Welt zurechtfinden«, erklärt sie. In ihren Fotos untersucht sie die Liebe und die sich ändernde Dynamik in ihrer eigenen Familie. Doch als ihre Tochter Alice mit dem Down-Syndrom auf die Welt kam, musste Davey unbekanntes Terrain beschreiten. »Ich wusste nicht, wie ich reagieren sollte«, gibt sie zu. »Sie fühlte sich nicht an wie mein anderes Kind und mein erster Instinkt war, sie zu verstoßen.« Doch Davey lernte dazu: Mit der Kamera beobachtete sie, wie Alice ihren Platz in der umtriebigen Familie fand und wie die anderen Familienmitglieder ihre Einstellung zu dem neuen Kind fanden. Sie selbst musste sich von ihren Vorstellungen zur Mutterschaft lösen. Sie beobachtete ihr Kind mit dem Geist des Anfängers, um neue Wege für die Liebe zu finden. »Durch die Fotografie wurde mir klar, warum ich sie nicht sofort lieben konnte: Ich war unsicher und ängstlich. Es ging nie um sie, denn ich wusste, dass sie mich liebte. Es ging um mich, denn ich musste meine Liebe zu ihr finden. Und ich fand sie – bedingungslos.«

BROOKLYN

Die Mitte einer Gruppe aus fünf Mitgliedern. Etwas am Rand: Das Erste, das Letzte. Es ist eingedrückt. Es ist braun. Es ist aus Metall, aber sehr empfindlich. Es hat einen anderen Zweck. Es steht auf der Straße. Es wird von den anderen festgehalten. Es steht unter Druck. Es übt Druck aus. Man sieht es auf einer Kundgebung in Zeiten von Black Lives Matter.

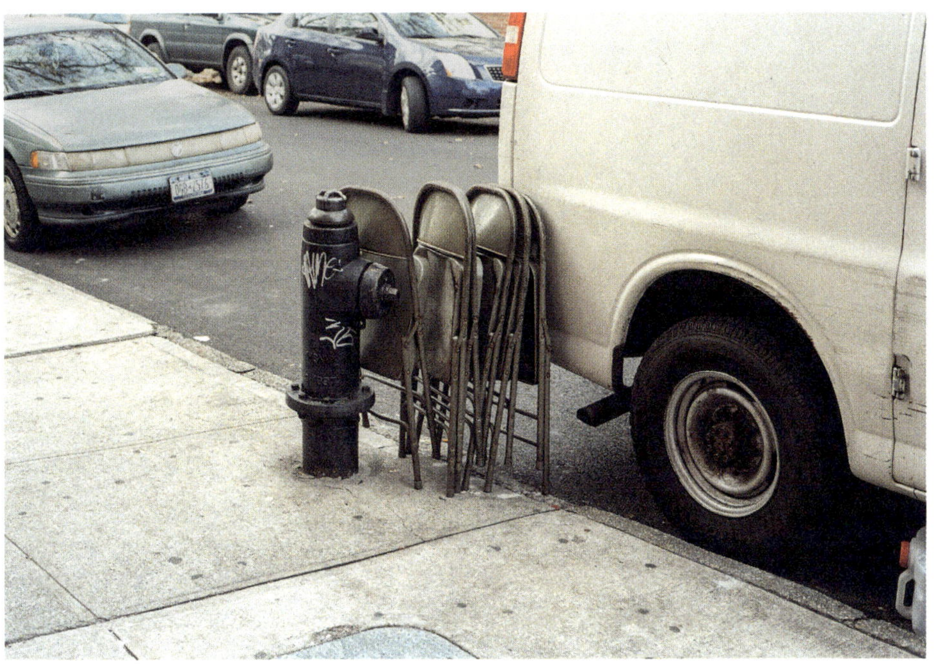

Teju Cole
Brooklyn, Dezember 2014, aus *Blind Spot*, 2017

ACHTSAMKEITSÜBUNG

Der Geist des Anfängers

Wir können unsere Neugier durch Übung trainieren. Dazu muss man sogar mehr verlernen als neu lernen. Spielen Sie diese drei Spiele, um Ihre kindliche Faszination für die Welt wieder zu wecken.

1. ICH SEHE WAS, WAS DU NICHT SIEHST – Ich spiele dieses Spiel immer wieder mit meinen Kindern. Es macht viel Spaß, wenn man nicht so richtig erwachsen geworden ist. Ein wertvolles Training für Ihre Wahrnehmungsmuskeln, das uns unsere »Unaufmerksamkeitsblindheit« gut vor Augen führt. Mit diesem Begriff bezeichnen Psychologen die Tatsache, dass wir vieles nicht sehen, weil wir so beschäftigt damit sind, nach anderem zu suchen. Neben *Ich sehe was, ...* können Sie Varianten spielen: *... Der erste Buchstabe lautet ..., Die Form ist ..., Dinge, die als Paare von zwei, drei oder vier Teilen auftreten, einen bestimmten Geruch haben, zerbrochen oder faltig oder aneinander gelehnt sind.* Erfinden Sie neue Kriterien und Perspektiven für bekannte Orte, die sie mit diesem Spiel neu entdecken können.

2. PERSPEKTIVE EINES KINDES, EINES VOGELS ODER EINER AMEISE – Als der Kinderbuchautor Roald Dahl einen Sicherheitsleitfaden für British Railways schreiben sollte, stellte er sich vor, wie sich ein Kind fühlt, das im Zug reist und von »grausigen Riesen« endlos erklärt bekommt, was es zu tun hat. So schrieb er eine witzige Broschüre – aus der Sicht eines Kindes. Seien Sie neugierig darauf, wie die Dinge aus einer anderen Perspektive aussehen. Nehmen Sie Fotos in knieender oder liegender Position auf oder lehnen Sie sich über

»Wie viele Farben hat das Gras für das krabbelnde Baby, das die Farbe Grün noch nicht kennt?«

STAN BRAKHAGE

einen Ast. Stellen Sie sich vor, wie die Dinge aus der Vergangenheit oder der Zukunft heraus betrachtet oder aus der Sicht einer anderen Kultur oder eines anderen Geschlechts aussehen könnten. Experimentieren Sie mit imaginären und empathischen Wahrnehmungssprüngen.

3. MENSCHLICHE KAMERA – Ziel dieses Spiels ist es, sich von unseren schnell erdachten Interpretationen zu lösen und die direkte Wahrnehmung zu empfinden, die dem Verstehen immer vorausgeht. Ihre eigene Kamera haben Sie bei diesem Spiel immer dabei: Ihre Augen.

Suchen Sie sich einen Ort, an dem Sie ungehemmt auf dem Bauch im Gras liegen können. Schließen Sie Ihre Augen, kommen Sie zur Ruhe, atmen Sie tief ein und aus und fühlen Sie sich mit der Erde verbunden. Öffnen Sie Ihre Augen nun für einen kurzen Augenblick und schauen Sie aus nächster Nähe ins Gras. Schließen Sie die Augen sofort wieder, bevor Sie überlegen können, was Sie tun oder sehen. Wiederholen Sie dies einige Male. Drehen Sie sich auf den Rücken und halten Sie die Augen geschlossen. Schauen Sie nun einen kurzen Moment lang in den Himmel. Schließen Sie die Augen schnell wieder und wiederholen Sie dies einige Male. Drehen Sie sich immer wieder um und üben Sie den Blick aus der Nähe und in die Ferne. Spielen Sie mit kürzeren und längeren »Verschlusszeiten« Ihrer Augen. Wie lange können Sie schauen, ohne das, was Sie sehen, zu benennen (»grün«, »blau«, »wolkig«, »matschig«, »schön«, »enttäuschend«). Jedes Mal, wenn Sie zu denken und zu urteilen beginnen, schließen und öffnen Sie Ihre Augen, um sich zu erfrischen.

Viele sagen, dass ich mit den Augen eines Kindes schaue. Ich schaue mir zum Beispiel Ameisen an, die Zucker sammeln. Ich suche nach Schnecken, wenn ich mich im Regen unterstelle. So etwas machen doch Kinder, nicht wahr? Ich habe eine ähnliche Wahrnehmung wie Kinder.

Rinko Kawauchi

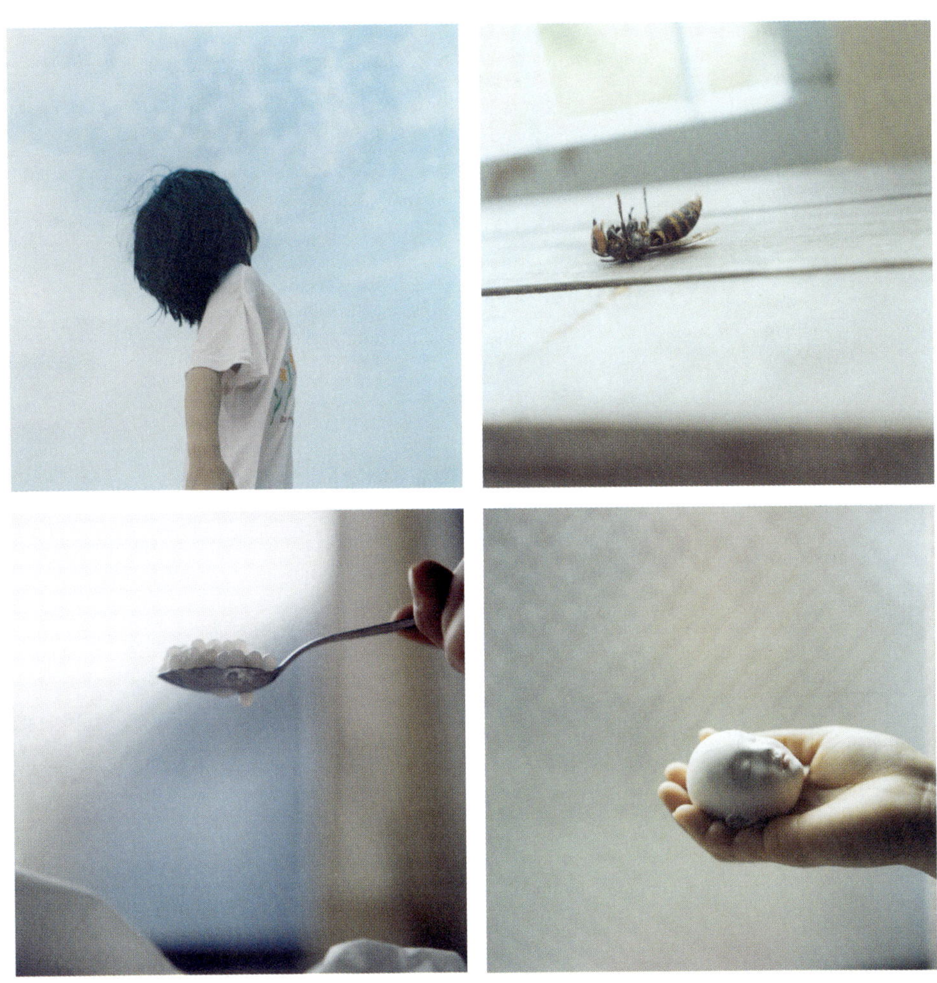

Rinko Kawauchi
Ohne Titel, aus der Serie *UTATANE*, 2001

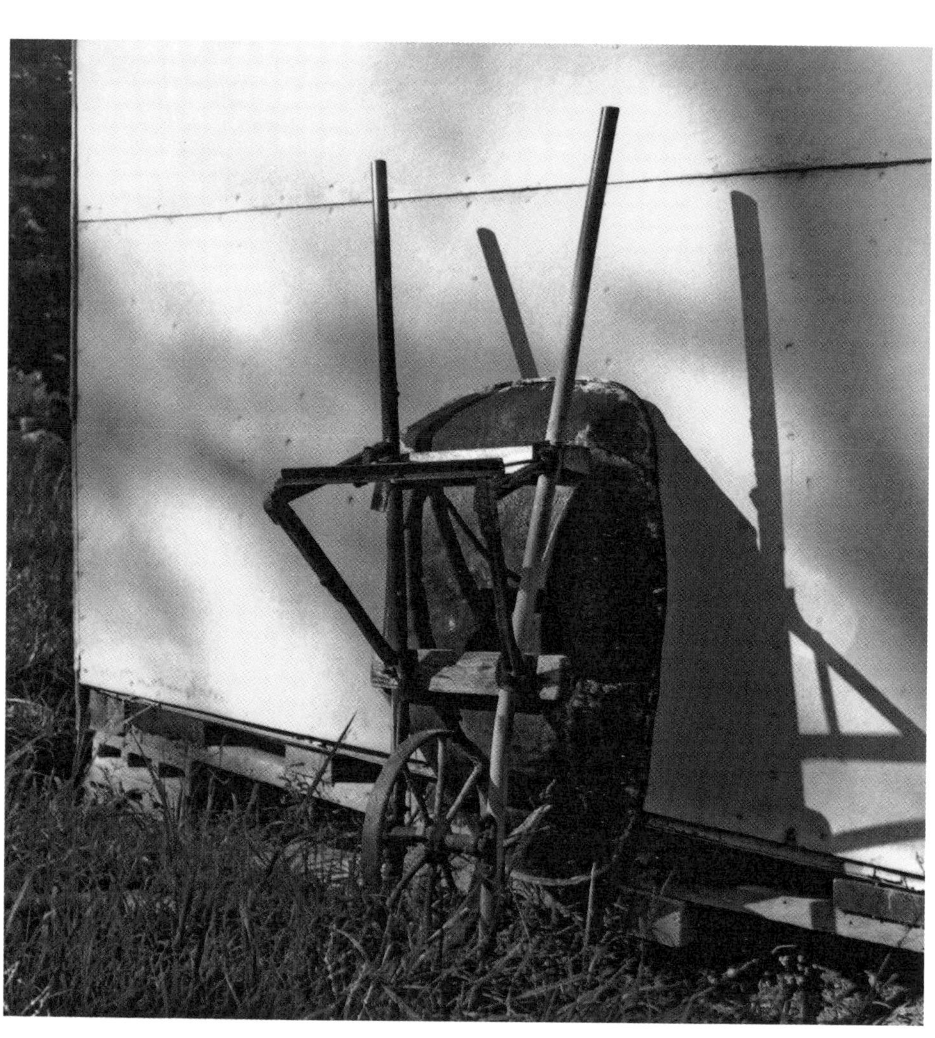

Thomas Merton

 #34 Schubkarre an der Einsiedelei, ca. 1966–67

Hingabe

In unserer schnelllebigen Kultur gilt Achtsamkeit häufig als der kurze Weg zu höherer Produktivität. Doch das ist nicht richtig. Achtsamkeit ist eine spirituelle Praxis, mit der wir uns vom irdischen Streben befreien.

Thomas Merton, ein bekannter Trappistenmönch des zwanzigsten Jahrhunderts und eifriger Fotograf erklärte einst einem Freund, wie wichtig es ist, aufmerksam zu üben, jedoch ohne ein bestimmtes Ziel erreichen zu wollen: »Hoffe nicht auf ein bestimmtes Ergebnis«, schrieb er. »Du musst dich damit abfinden, dass deine Arbeit offenbar wertlos ist und überhaupt kein Ergebnis oder sogar das Gegenteil von dem hervorbringt, was du erwartet hast. Wenn du dich an diesen Gedanken gewöhnst, wirst du dich weniger auf die Ergebnisse als immer mehr auf den Wert, die Echtheit, die Wahrheit der Arbeit selbst konzentrieren.«

Merton hatte einen widersprüchlichen Charakter: Einerseits brannte er vor ungebremster Energie (in siebenundzwanzig Jahren schrieb er fünfzig Bücher), andererseits suchte er immer nach Einfachheit und Stille. In seinem letzten Lebensjahrzehnt erkannte er, dass die Fotografie für ihn eine Form umfassender, kontemplativer Übung ist, mit deren Hilfe er die Göttlichkeit aller Dinge aufmerksamer wahrnehmen konnte. Sie schien ihm Zeit zu schenken, um über das Drama seines Geistes nachzudenken, und ihm einen Weg zu weisen, um die Mysterien jenseits der Wahrnehmung anzunehmen. Auf seinen Spaziergängen durch seine Einsiedelei in Kentucky hatte er seine Kamera immer bei sich, um die Form und Textur alltäglicher Objekte mit Ehrfurcht zu beobachten. In seinem Buch *Turning Towards the World* wundert er sich darüber, »wie wunderschön die blanke Seite eines Holzhauses sein kann. ... Eine wundersame Zusammenführung der Formen. Die Disziplin, an einem Ort zu bleiben. 5 Dächer, Stallseiten, hohe Gräser, Schlammpfützen und Schrotthaufen, bis das Königreich kommt.«

Auch die zeitgenössische japanische Fotografin Rinko Kawauchi war erfüllt vom Staunen über die Wunder des Alltags. Manche ihrer Motive sind unspektakulär: Kerne einer Wassermelone, ein Löffel mit Tapiokastärke, ein totes Insekt auf einer Fensterbank. Andere dokumentieren offensichtlich wundervolle Zeichen: das Lächeln eines Babys, der Flügelschlag eines Schmetterlings, ein Küken, das aus einem Ei schlüpft. In der Regel stellt Kawauchi ihre Werke in Büchern vor, wobei die Motive keinerlei Hierarchie unterliegen. Alle ihre Bilder sind von Licht durchflutet, was ihnen ein außerirdisches Flair verleiht. »Ich versuche die Seele oder Aura des Motivs zu erfassen und nicht das Motiv selbst«, erklärt sie. »Niemand weiß, woraus die Welt besteht. Wissenschaftler, Physiker, Philosophen usw. haben versucht, die Wunder der Welt zu erforschen und Theorien zu entwickeln. Aber wir wissen viel weniger, als wir nicht wissen. Ich wollte über die Wunder dieser Welt nachdenken.«

Wenn das Verstehen misslingt, ist das keine Tragödie: Es erinnert uns lediglich, dass wir mit dem Denken aufhören und einfach nur schauen sollen. Vielleicht gibt es gar nichts zu verstehen: vielleicht müssen wir nur aufwachen.

Thomas Merton

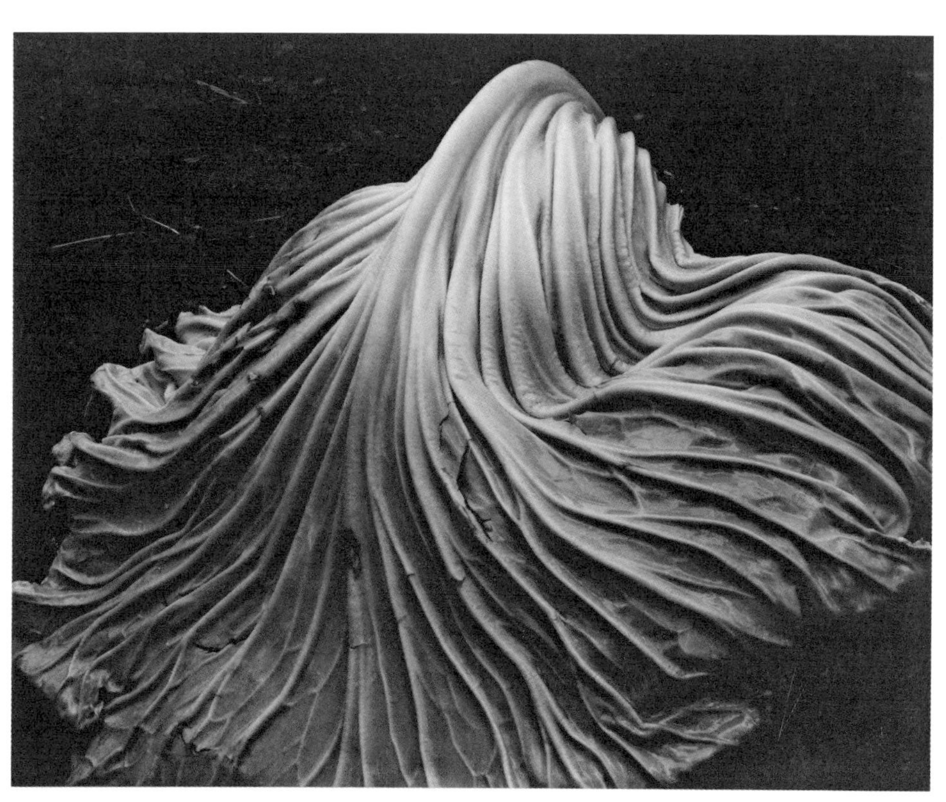

Edward Weston
Kohlblatt, 1931

ACHTSAMKEITSÜBUNG

Fotografie als innere Einkehr

Viele Fotografen nutzen ihre Kamera als Mittel zur Andacht. Karl Blossfeldt und Imogen Cunningham sind für ihre Detailstudien zu Pflanzen und Blumen berühmt und die Gemüseporträts von Charles Jones und Edward Weston sind zu Ikonen der Fotografie geworden. »Im Kohl fühle ich das gesamte Geheimnis der Lebenskraft«, schrieb Weston in seinem Tagebuch, »wundervolle Herzen wie geschnitztes Elfenbein, Blätter mit Adern wie Flammen und einer Form, die einer außergewöhnlichen Muschel gleichkommt.«

1. Nehmen Sie ein Stück Obst oder Gemüse und betrachten Sie diese einzigartige Lebensform zwanzig Minuten lang.

2. Fotografieren Sie zunächst nicht. Berühren Sie das Motiv, streicheln sie es und bestaunen Sie es. Wiegen Sie es in der Hand, riechen Sie daran und probieren Sie auch davon. Achten Sie auf seine einzigartige Form, die Zeichnung seiner Schale und den Wurzel- oder Stammansatz. Überlegen Sie, wie es aus einem Samen gewachsen ist, die Nährstoffe aus dem Boden gezogen, Regen und Sonne genossen hat und zu einem aromatischen und nahrhaften Obst oder Gemüse geworden ist.

3. Betrachten Sie das Motiv nun durch Ihre Kamera. Stellen Sie sich vor, wie sie es mit der Linse liebkosen. Achten Sie darauf, wie das Licht sein Aussehen verändert, wie sich das Obst oder Gemüse in verschiedenen Positionen verhält und wie es voller Leben und gleichzeitig unbelebt ist.

4. Wenn Gedanken auftauchen, die Sie von Ihrer Betrachtung ablenken, nehmen Sie sie wie bei der Meditation wahr, aber lassen Sie sich nicht von ihnen einnehmen. Nehmen Sie wahr, ob Sie Langeweile oder Frustration fühlen, aber lassen Sie sich davon nicht ablenken. Richten Sie Ihre Aufmerksamkeit immer wieder auf das Objekt der Betrachtung, lassen Sie neue Wahrnehmungen aufkommen und kommen Sie in einem Zustand achtsamer Aufmerksamkeit zur Ruhe.

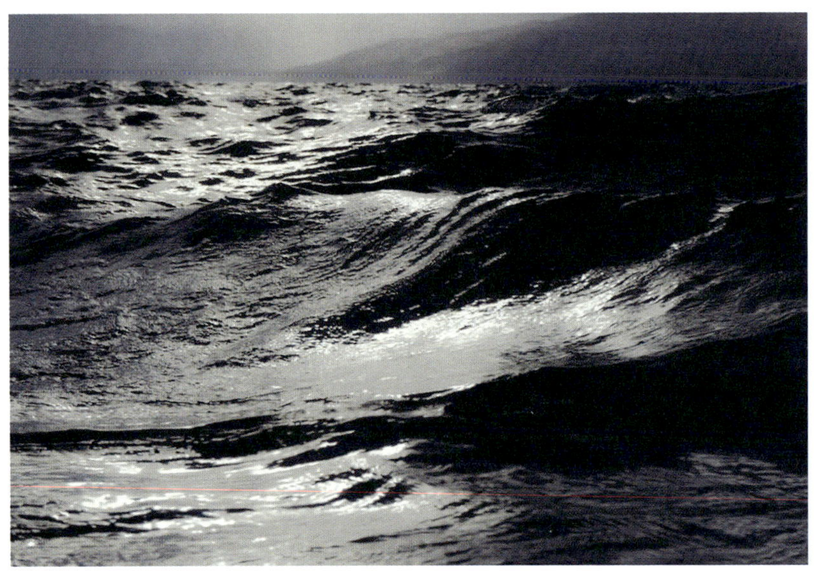

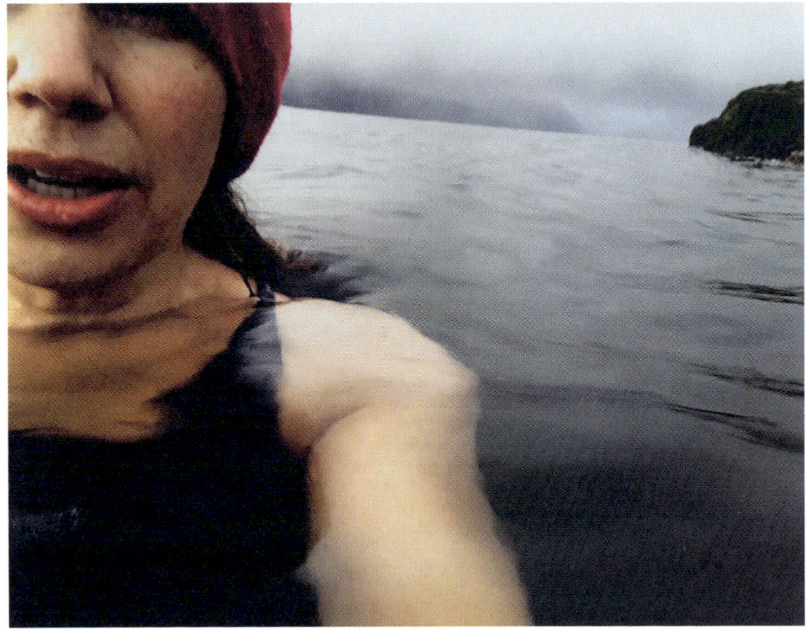

Tamsin Calidas
Oben: *Onyx-Atem*, 2021
Unten: *Salzkonfluenz*, 2020

Vertrauen

Viele Menschen kennen die störende innere Stimme, die uns mit dem Hinweis auf unsere Fehler, auf Ablehnung oder andere Unstimmigkeiten verhöhnt und Angst machen will. Doch als achtsamer Mensch können wir hinter unserer Angst ein unerschütterliches Selbstvertrauen finden. Diese Art Selbstvertrauen wird im Buddhismus als »das Brüllen das Löwen« bezeichnet.

Der Fotograf und Schriftsteller David Ulrich beschreibt, was dieses tiefe Selbstvertrauen für ihn bedeutet: »Wenn wir mit einer Stimme sprechen, Begrenzungen aufgehoben sind und die Grenzen des Möglichen immer weiter werden. Der Unterschied zwischen dem Medium und dem Selbst verschwimmt. Unser Geist, unser Körper und unser mediales Werkzeug werden zu einer Einheit ... das Bild taucht scheinbar aus einer intuitiven, instinktiven Verbindung mit dem Motiv auf – es ist elegant und stimmig. Ich fühle das Brüllen des Löwen, ein unterirdisches Selbstvertrauen, das paradoxerweise leer und ohne Ego ist. An dieser Stelle beginnt die Magie des kreativen Prozesses.«

Die Fotografin Ami Vitale musste sich ihr Selbstvertrauen hart erarbeiten. Fünfmal hat Sie den World Press Photo Award gewonnen, beschreibt sich selbst jedoch immer noch als »Königin der Selbstzweifel«. Die Konfrontation mit ihren Ängsten ist für Vitale Teil des kreativen Prozesses geworden. »Ich kämpfe gegen die Angst, indem ich mich ihr entgegenstelle. Ich zwinge mich selbst, ganz andere Themen als früher zu bearbeiten. Obwohl ich kein Technikfreak bin, lasse ich mich auf neue Technologien ein. Neues macht mir Angst und befreit mich gleichermaßen. Ich weiß, dass ich Fehler machen werde, aber am Ende lerne ich und passe mich an.«

Tamsin Calidas ist Fotografin und Autorin des Buches *Ich bin eine Insel* und lebt auf den schottischen Hebrideninseln. Für sie war die Reise zu uneingeschränktem Selbstvertrauen zermürbend, aber eine Erlösung. Zehn Jahre beschäftigte sie sich mit Unfruchtbarkeit, Krankheiten, Trauer und Traumata – Schicksalsschlägen, die sie nahezu zerstörten. Doch Calidas fand ihren Rückzugsort in der Natur und reduzierte ihr Leben auf die reine, elementare Einfachheit. Beim täglichen Nacktschwimmen im Morgengrauen in den eiskalten und gefährlichen Gewässern rund um die Insel, auf der sie lebt, vereint sie mit ihrer Kamera die Askese mit der Ästhetik. »Ich schwimme bei jedem Wetter und unter allen Bedingungen. Dabei destilliere und transformiere ich alle schmerzhaften, eingeschlossenen und schwierigen Gefühle und drücke sie in gefühlvollen, belebten Bildern voller Anmut und Schönheit aus. Ich filme die Kraft, den Sog und die Reibung des Wassers und fange das sinnliche Licht, die Wellen und die Tiere mit der Kamera ein – darin habe ich meine Freude gefunden. Die Natur hat meinen Blick klarer gemacht. Durch die Verschmelzung mit dem tiefen Blau des Wassers, dem Himmel, dem Wind und der Luft bin ich zur Quelle zurückgekommen. Das Meer ist der tiefste Ort meines Daseins.«

Calidas denkt über die Transformation nach, die sie erfahren hat: »In einer lebensechten Testsituation erfährt man, wie man mit den Herausforderungen des Lebens umgeht. Ich habe gelernt, dass es hilfreich ist, sich von den allgemeinen Zwängen und den selbst auferlegten Einschränkungen, Hemmnissen, Kontrollen zu lösen, um einen ruhigen Ort zu finden, an dem man ganz aus seiner eigenen Tiefe heraus einen anderen internen Auftrieb nutzen kann.«

Wenn du lernst,
dir selbst zu vertrauen,
musst du mit deiner Kunst
nichts mehr beweisen.
Dann kann sie so, wie sie
ist, aus dir herauskommen.
An diesem Punkt bereitet
Kunst keine Mühe, sondern
wächst so selbstverständlich
wie deine Haare.

John Daido Loori

ACHTSAMKEITSÜBUNG

Ein Brief an die Angst

Wer nach bedingungslosem Selbstvertrauen strebt, muss lernen, »die Angst anzulächeln und sie freundlich und neugierig zu begrüßen«, so die Worte des tibetischen Mediationsmeisters Chögyam Trungpa. Ich habe diese Praxis von der Schriftstellerin Elizabeth Gilbert gelernt, die ihren Selbstzweifeln täglich auf diese Weise begegnet, wie sie mir verriet.

Suchen Sie sich einen Ort, an dem Sie ungestört etwa 15 Minuten lang sitzen und schreiben können. Schreiben Sie nicht auf dem Computer, sondern mit einem Stift auf ein Blatt Papier, denn damit arbeiten Sie bewusster und legen mehr Ihrer inneren Gefühle offen. Sie werden zwei Briefe schreiben, einen von Ihrer Angst und den anderen an Ihre Angst. Nehmen Sie sich pro Brief fünf Minuten Zeit. Stellen Sie einen Wecker und schreiben Sie in dieser Zeit, ohne den Stift vom Blatt zu nehmen oder das Geschriebene zu lesen.

Beginnen Sie den ersten Brief so:

> Liebe Sophie,
> ich bin deine Angst und möchte Dir Folgendes sagen …

»Du kannst nicht kreativ sein, ohne verletzlich zu sein.
Und du kannst nicht verletzlich sein, ohne Angst zu empfinden.«

ELIZABETH GILBERT

Lesen Sie sich den Brief nach fünf Minuten laut vor und beantworten Sie ihn sofort. Schreiben Sie dazu wieder fünf Minuten, ohne den Stift abzusetzen oder das Geschriebene zu lesen.

> Liebe Angst,
> ich freue mich über deinen Brief. Vielen Dank dafür. Ich möchte Dir Folgendes sagen ...

Lesen Sie sich auch den zweiten Brief laut vor. Beenden Sie die Übung, indem Sie Ihrer Angst danken, sich selbst beschrieben zu haben, und sich dafür danken, dass Sie so mutig waren, sie zu begrüßen, ihr zuzuhören und zu antworten.

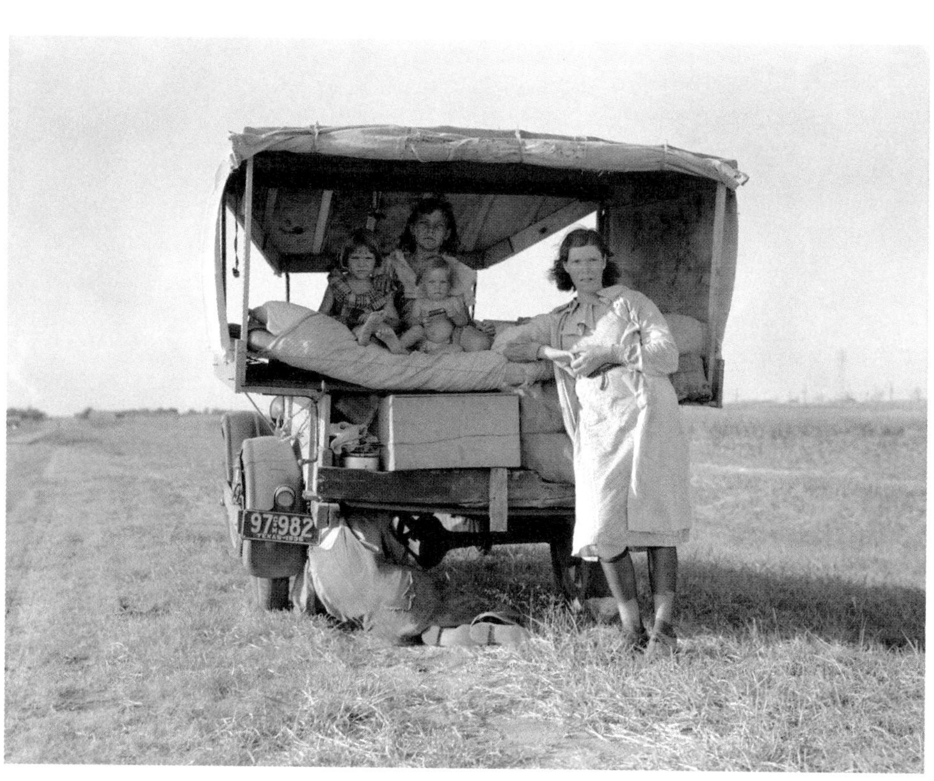

Dorothea Lange

Familie zwischen Dallas und Austin, Texas. Die Menschen haben ihre Heimat und ihre Verbindungen in Südtexas verlassen in der Hoffnung, auf den Baumwollfeldern im Arkansas Delta arbeiten zu können. Mittellose Menschen. Kein Essen und nur ein paar Liter Benzin im Tank. Der Vater versucht, einen Reifen zu reparieren. Drei Kinder. Vater sagt: »Es ist hart, aber das Leben ist hart, egal wie man es nimmt«, 1936

Bescheidenheit

Wir haben gelernt, dass Selbstvertrauen für die Fotografin mit dem achtsamen Blick essenziell ist. Aber der Grat zwischen zu viel und zu wenig Selbstvertrauen ist sehr schmal. Wahrscheinlich kennen Sie sowohl Fotografen, die von ihrem eigenen Ego geblendet sind, als auch solche, die durch ihr mangelndes Selbstbewusstsein gelähmt sind. Bescheidenheit bedeutet, einen Mittelweg zu finden. Nicht, indem Sie geringschätzig von sich denken, sondern überhaupt weniger über sich nachdenken.

Der Vorreiterin der Dokumentarfotografie Dorothea Lange hatten sich bereits in jungen Jahren viele Steine in den Weg gelegt: Aufgrund einer Kinderlähmung hinkte sie ein Leben lang, verfügte jedoch über eine feste Entschlossenheit. »Die Krankheit hat mich geformt, gelenkt, angeleitet. Sie hat mir geholfen und mich bescheiden gemacht«, erklärte sie ihre Behinderung. Nach Abschluss der High School im Jahr 1914 entschied sich Lange, Fotografin zu werden, obwohl sie bis dahin nie eine Kamera in der Hand gehalten hatte. Mut, Selbstvertrauen und Beharrlichkeit waren ihre Begleiter in den nächsten zehn Jahren, sodass sie mit dreißig Jahren ein erfolgreiches Porträtstudio in San Franzisco betrieb und damit

Das Beste, was Sie tun
können, ist, offen für das
zu sein, was die Leute
Ihnen zu sagen haben;
seien Sie eine Art
Vehikel – kein großes,
aber jemand, der hingehen
und respektvoll
zuhören kann.

Fazal Sheikh

ihre vierköpfige Familie ernährte. Als durch die Weltwirtschaftskrise vier Millionen US-Amerikaner arbeitslos und obdachlos wurden und Hunger litten, verließ Lange ihr bequemes Studio, reiste durch Kalifornien, um diese menschliche Tragödie zu dokumentieren. Angesichts der »verachteten, abgelehnten, entfremdeten ... hilflosen, wurzellosen, aus dem Leben gerissenen Menschen« empfand sie tiefes Mitgefühl. Aber nie fühlte sie sich ihrem Motiv überlegen: »Ich fotografiere nie jemanden ohne Erlaubnis. Nie!«, erklärte sie ihrer Assistentin. »Alle Fotos entstehen als Teamarbeit mit den Motiven, als Teil ihrer und meiner Gedanken.«

Lange war die erste weibliche Fotografin, die von der US-amerikanischen Behörde für Wiedereingliederung angestellt wurde. Ihre Bilder machten die Not der ärmsten und am meisten vernachlässigten Menschen Amerikas einem breiten Publikum zugänglich. Von den vielen anderen Fotojournalisten ihrer Zeit unterschied sie sich durch ihre Bescheidenheit: »Häufig bleibe ich einfach nur ruhig sitzen. Man darf keinen Wirbel machen und Unruhe verbreiten. Ich sitze einfach nur mit den Menschen auf dem Boden, lasse die Kinder die Kamera anschauen. ... Denn nur wer gibt, kann auch etwas bekommen.«

Langes einfühlsame und gemeinschaftliche Art finden wir heute bei Fazahl Sheikh wieder. Seine Porträts von Menschen in vernachlässigten und an den Rand gedrängten Gegenden dieser Welt stellen die Würde und den häufig durch die Umstände und Vorurteile verlorenen Respekt dieser Menschen wieder her. Bevor er ein Bild aufnimmt, hält sich Sheikh meist mehrere Wochen bei den Menschen auf, die er fotografieren möchte, schaut und hört ihnen zu: »Ich möchte zu den Menschen gehen und sie bitten, mich ihre Wahrheit zu lehren.« Er nennt seine Motive immer beim Namen und versucht, die politischen Umstände zu erläutern, aufgrund derer sie ihre Heimat verlassen mussten. Wie Lange ist auch Sheikh davon überzeugt, dass seine Arbeit etwas verändern kann. Dennoch ist er nicht so verblendet zu glauben, er könne Lösungen anbieten. »Mit meiner Arbeit werde ich die Welt nicht retten. Ich möchte nur die Grenzen austesten und davon überzeugt sein, dass meine Fotos für etwas gut sind.«

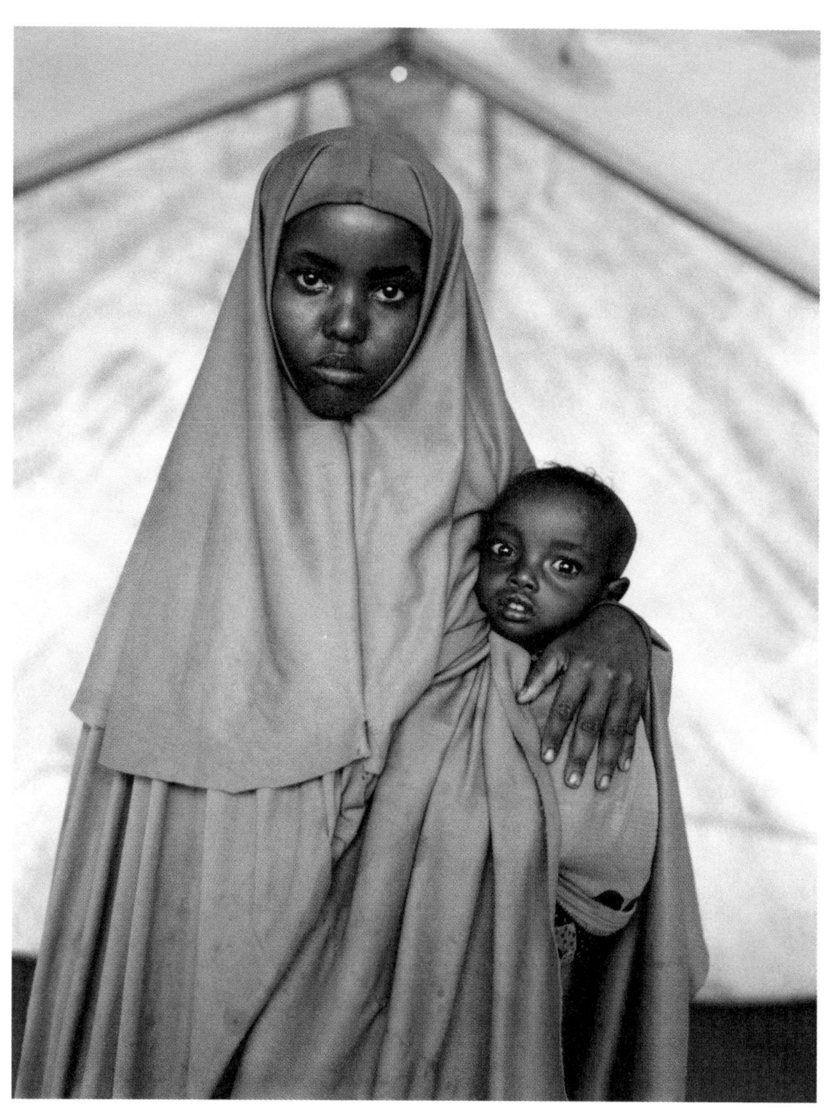

Fazal Sheikh
Sofia Hassan Mahmoud und ihr Bruder Isaac,
Somali-Flüchtlingslager, Mandera, Kenia, 1992

ACHTSAMKEITSÜBUNG

Sich selbst richtig einordnen

Bescheidenheit wird häufig mit Untertreibung gleichgesetzt. Für Mussar, eine jüdische, spirituelle Bewegung, steht der Begriff jedoch dafür, dass sich jeder Mensch selbst richtig einordnet. Wenn wir von uns selbst zu sehr eingenommen sind, bleibt zu wenig Platz für andere, aber wenn wir uns selbst klein machen, verschwenden wir die Geschenke, die wir teilen, und die Gelegenheiten, die wir erzeugen können. Ein bescheidener Fotograf übernimmt dauerhaft die Verantwortung für seinen Einfluss als »Bildschaffender« und innerhalb des sozialen und kulturellen Diskurses.

Stellen Sie sich diese reflektierenden Fragen:

1. Wie präsent sind Sie und wie fühlen Sie sich dabei, wenn Sie fotografieren und wenn Sie ihre Arbeit veröffentlichen?

2. Wie ordnen Sie sich selbst in Bezug auf Ihre kreative Arbeit ein?

3. Wie würden Sie sich fühlen, wenn Sie zu präsent wären? Wäre das ermüdend und/oder würden Sie andere ausschließen? Wie könnten Sie eine solche Situation korrigieren?

4. Wie könnten Sie sich selbst weniger wichtig nehmen? Wie würde es sich auf Sie und andere auswirken, wenn Sie weniger sichtbar wären? Wie können Sie Ihre Komfortzone verlassen, damit Ihre Vision und Ihre Stimme gesehen und gehört werden?

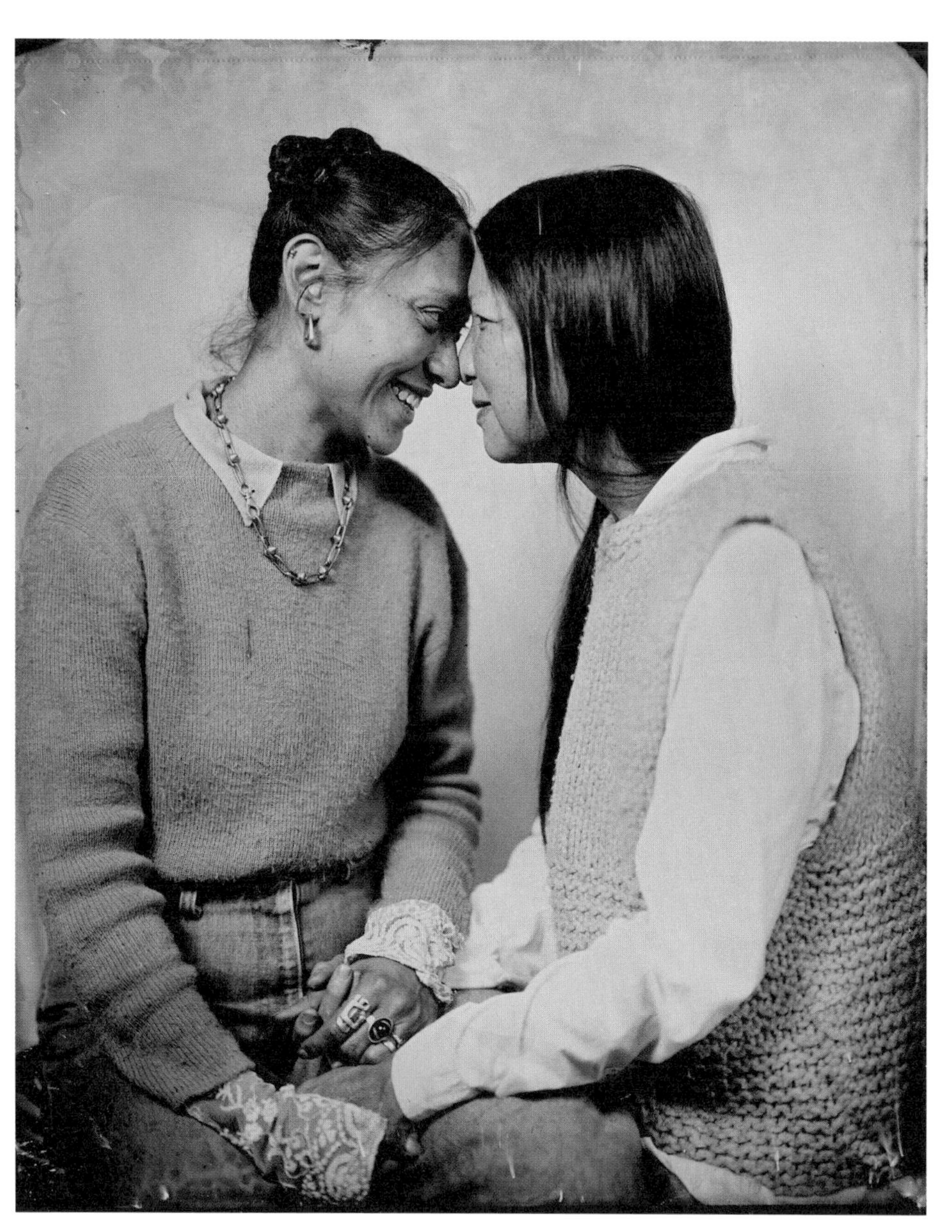

Kali Spitzer

Be & Madeline II: Be und Madeline, Kind und Mutter in liebevoller Umarmung, angestammtes und unbestrittenes Land der Musqueam, Squamish und Tsleil-Waututh-Völker (Vancouver, BC, Kanada), 2020

Kulturelle Achtsamkeit

Kritiker der westlichen Achtsamkeitsbewegung argumentieren, dass sie sich außerhalb der sozialen und politischen Realität positioniere oder sogar über sie erhebe. Diese kulturelle Blindheit unterstütze Systeme der Unterdrückung. Eines ist richtig: Seit das Thema Achtsamkeit in fast allen Gesundheits-, Bildungs- und Arbeitsplatzbereichen des Westens zum Mainstream geworden ist, droht es, sich selbst zu relativieren. Das »achtsame Unternehmen« wird mit einer Welle von Fotos von schlanken, leistungsfähigen, weißen Menschen überflutet. Zahlreiche Artikel und Bücher konzentrieren sich darauf, wie man mit Achtsamkeit Stress reduzieren kann. Dieses Bild verschleiert nicht nur unangenehme Wahrheiten über Macht und Privilegien, sondern schmälert auch noch eine politisch radikale Praxis.

Der achtsame Mensch verbessert nicht nur sein Wohlbefinden, indem er »mentalen Hausputz« macht. Er nimmt alle seine Gewohnheiten und Urteile wahr und versucht, das durch sie verursachte Leid für sich selbst und andere zu verringern. Es ist nicht hilfreich, das Ziel auf die Selbstregulierung zu reduzieren, denn solange es Ungerechtigkeit in der Welt gibt, werden wir alle leiden. Aber genauso wenig hilfreich ist es, sich nur auf die *externen* Probleme zu konzentrieren, ohne den eigenen Geisteszustand und die unbewussten Vorurteile sorgsam und dauerhaft zu berücksichtigen. Wir benötigen eine umfassende Veränderung der Gesellschaft hin zu mehr Mitgefühl. Achtsamkeit ist mit ihrem doppelten Blick nach innen und nach außen eines der wertvollsten Mittel, um diese Veränderungen anzustoßen.

Von den ersten Anfängen der Bildaufnahmen zur Zeit des Kolonialismus bis hin zu den sozialen Medien von heute ist die Fotografie mitschuldig an systematischer Fehlinterpretation und Unterdrückung. »Die Kamera ist oft ein unheilvolles Instrument. In Afrika – wie in den meisten durch den Kolonialismus enteigneten Ländern – gehört die Kamera zusammen mit dem Gewehr und der Bibel zu den kolonialen Utensilien«, schreibt die simbabwische Romanautorin Yvonne Vera. Viele der damaligen Fotografen und Kritiker weigerten sich, die Ungerechtigkeit dieses Mediums anzuerkennen oder gar zu beseitigen. Häufig sind sie selbst es, die Privilegien genießen und wenig motiviert sind, den Status quo ins Wanken zu bringen. Doch heute fordern stärker vorausschauende und mutigere Fotografen, aus dem Medium der Unterdrückung ein Medium der Befreiung zu machen.

Die kanadische indigene und queere Fotografin Kali Spitzer nimmt großflächige Porträts auf, die wie mit Tinte gezeichnet wirken. Sie verweisen auf die im späten neunzehnten und frühen zwanzigsten Jahrhundert von kolonialen Siedler-Fotografen aufgenommenen Bilder nordamerikanischer Menschen. Ihre Antwort auf das Anderssein dieser ethnografischen Fotos ist die Zusammenarbeit mit Freunden aus der BIPoC-, Queer- und Transszene, zu der sie gehört. So erschafft sie Porträts, die Selbstbestimmung und Mut ausdrücken. »Meiner Meinung nach werden indigene Frauen, Transsexuelle, nicht-binäre Menschen sowie People of Colour, die schwarzen, braunen und queeren Gemeinschaften häufig übersehen oder überhört. Außerdem erfahren unsere Communitys so viel Gewalt. Ich hoffe daher, dass ich durch schöne, intensive, liebevolle Bilder ... eine tiefe Verbindung zu den Menschen aufbauen kann. Ein Betrachter, der mit einem Vorurteil in eine Galerie kommt, sollte sie klüger verlassen. Er soll sich mit einem Menschen verbunden fühlen, mit dem er normalerweise keinen Kontakt hätte.«

Liebe und Gerechtigkeit
schließen sich nicht aus.
Ohne innere Veränderung
gibt es keine äußere
Veränderung; ohne
kollektive Veränderung ist
keine Veränderung
etwas wert.

Angel Kyodo Williams

ACHTSAMKEITSÜBUNG

Gegen unbewusste Vorurteile kämpfen

Jeder Fotograf, der sich nach einer gerechten und freien Welt sehnt, muss unter allen Umständen verstehen, wie seine Wahrnehmung durch unbewusste Vorurteile beeinflusst wird. Es ist leicht, persönliche, vorurteilsfreie Werte zu pflegen. Aber es kostet Mühe und Übung, dafür zu sorgen, dass die automatischen Reaktionen diese Werte nicht unterlaufen.

Mit diesen drei Schritten können Sie achtsam gegen unbewusste Vorurteile kämpfen:

1. ANERKENNEN – Zuerst müssen Sie akzeptieren, dass Sie genauso wie alle Menschen unbewusste Vorurteile haben. Verurteilen Sie sich nicht dafür, aber leugnen Sie es auch nicht. Vorurteile sind dem Menschen nicht angeboren: Niemand denkt von Geburt an, dass eine bestimmte Hautfarbe, eine soziale Klasse oder ein bestimmtes Geschlecht besser ist als ein anderes. Aber von Kindheit an sind wir von kulturellen Einflüssen umgeben, aufgrund derer wir Stereotype über andere Menschen entwickeln.

2. VERSTEHEN – Versuchen Sie, mehr über den Einfluss zu lernen, den unbewusste Vorurteile auf alle Aspekte Ihres Lebens und damit auch Ihrer Fotografie haben. Achten Sie auf die Vorurteile in der Kultur, in der Sie leben, und versuchen Sie, sie abzubauen. Informieren Sie sich über das Thema Kolonialismus in der Geschichte der Fotografie, die Bedeutung der Hautfarbe in der Filmproduktion, Stereotype in der Stockfotografie und andere Beispiele für Vorurteile in dieser Branche.

»Wenn Sie eine Abneigung oder Zuneigung zu einer Sache empfinden, ist das ein Hinweis darauf, dass Sie etwas tun müssen.«

RAM DASS

3. ÜBEN – Lernen Sie die traditionelle buddhistische Meditation der liebevollen Güte, bei der Sie freundliche Gefühle gegenüber sich selbst und anderen pflegen. Diese Übung umfasst fünf Phasen. In der ersten beschäftigen Sie sich mit sich selbst; danach weiten Sie die Übung in den anderen Phasen auf alle anderen Lebewesen aus. Es scheint vielleicht unsympathisch, mit sich selbst zu beginnen. Doch nur wenn wir eine enge Beziehung zu uns selbst haben, können wir andere lieben.

   I. Schließen Sie Ihre Augen, legen Sie eine Hand auf Ihr Herz und seien Sie freundlich mit sich. Sagen Sie sich einen liebevollen Satz wie »Es soll mir gut gehen« oder »Der Friede sei mit mir«.

   II. Denken Sie an eine Person, die Sie gut kennen oder mögen. Erweitern Sie die gleichen positiven Gefühle auf diese Person: »Es soll ihr/ihm gut gehen« oder »Der Friede sei mit ihr/ihm«.

   III. Nun lassen Sie Ihre Gefühle einer Person zukommen, zu der Sie eine neutrale Beziehung haben, einem Fremden oder entfernten Bekannten.

   IV. Jetzt geht es um eine Person oder eine Gruppe, zu der Sie eine schwierige oder angsterfüllte Beziehung haben.

   V. Schließlich lassen Sie Ihre Güte aus sich heraus zu allen Lebewesen – nicht nur den Menschen – strömen, die in der Gegenwart oder der Zukunft leben oder in der Vergangenheit gelebt haben.

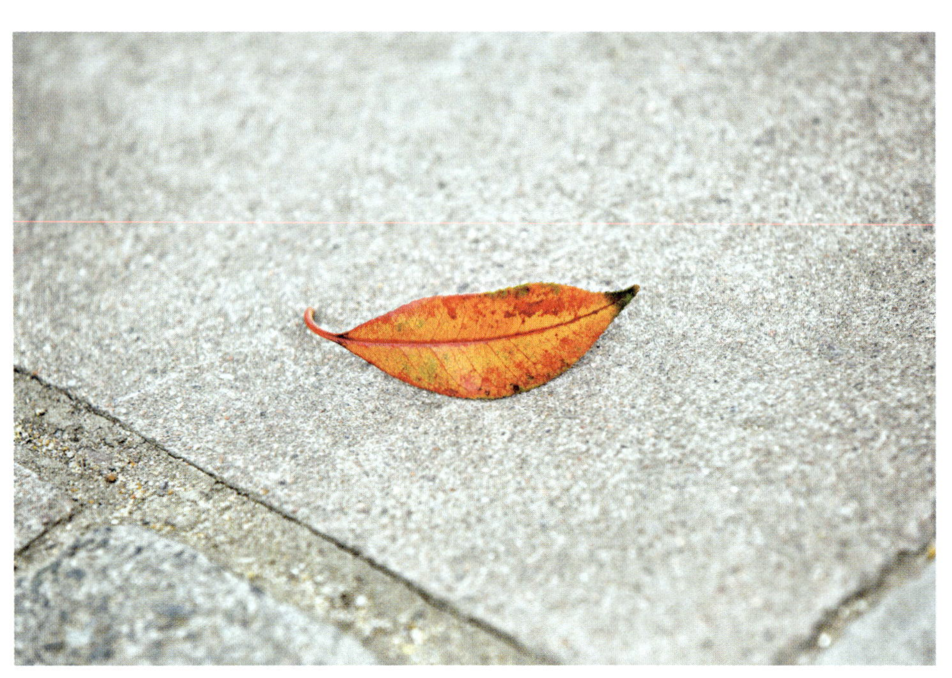

Matt Stuart
Wrentham Avenue London, 2013

Dankbarkeit

Dankbarkeit ist das A und O – der Anfang und das Ende – jeder Achtsamkeitsübung. Und sie ist ein Ort, an den wir jederzeit zurückkehren können, wenn wir das Gefühle haben, abzudriften. Eine scheinbar radikale Geisteshaltung, die unseren Blick auf die Welt völlig verändern kann. Der Achtsamkeitslehrer Pema Chödrön beobachtet: »Die Zufriedenheit mit dem, was wir haben, ist der magische goldene Schlüssel zu einem erfüllten Leben ohne Einschränkungen und voller Inspiration.«

Wir alle sprechen das Wort »Danke« so viele Male am Tag aus, dass seine eigentliche Bedeutung verschwimmt. Wir danken einem Verkehrsteilnehmer für die Vorfahrt an einer Kreuzung, dem Verkäufer im Geschäft für die Bedienung und einem Fremden für den Vortritt durch eine Tür. Aber häufig fühlen wir uns dabei gar nicht dankbar. Die Übung achtsamer Dankbarkeit verleiht dem Wort »Dankeschön« wieder seine Bedeutung. Aufnahmen von Motiven, die wir schön, faszinierend oder bewegend finden, lassen uns diese Motive aufmerksamer betrachten und mehr genießen. Sie verringern unsere Tendenz zu Negativem, also der Neigung des Menschen, sich mehr mit problematischen oder bedrohlichen Dingen zu beschäftigen als mit positiven. Wen wundert es also, dass es auf Instagram nur so wimmelt von Hashtags wie #dankbarleben, #glücklichesherz, #täglichdankbar, #glückselig und #dankbarfür.

Nachdem sie von einer Depression geheilt wurde, startete Hailey Bartholomew ein Projekt mit täglich neuen Fotos unter dem Namen *365grateful*. »Dadurch, dass ich jeden Tag etwas fotografiere, wofür ich dankbar bin, programmiere ich mein Gehirn um. Ich sehe und feiere das Gute in meinem Leben. Das hat nicht nur meine geistige und körperliche Verfassung verbessert, sondern auch meine Beziehung zu anderen. Die Idee hat sich auf der ganzen Welt verbreitet und es macht Spaß zu sehen, wie diese Dankbarkeitsübung Menschen in allen möglichen Lebensphasen geholfen hat.«

Für den Naturfotografen Jim Brandenburg hat die Fotografie geliebter Orte eine heilende Wirkung. Nachdem er drei Jahrzehnte für das Magazin *National Geographic* durch die Welt gereist war, fühlte er sich erschöpft, leer und ausgebrannt. So stellte er sich einer neuen Herausforderung: Neunzig Tage lang von der Tagundnachtgleiche im Frühling bis zur Sommersonnenwende verfolgte er das Frühlingserwachen auf den Feldern, in den Parks und den Wäldern seines Heimatstaates Minnesota. Jeden Tag nahm er nur ein einziges Foto auf. Damit konzentrierte er sich ganz auf die Schönheit seiner Heimat. Durch das langsame Beobachten der Natur fand Brandenburg zu einer dringend nötigen persönlichen und kreativen Erneuerung. »Wenn man ein Motiv durch wiederholtes Fotografieren quasi einstampft, ist das in gewisser Weise erniedrigend. Aber wenn man etwas so wertschätzt, dass man es nur ein einziges Mal fotografiert, ist das eine Huldigung«, überlegt er. »Ich habe Millionen Bilder von den entlegensten Orten aufgenommen. … Aber mit [dieser Serie] habe ich eine nahezu transzendentale Erfahrung gemacht. Jedes Foto fühlte sich an wie eine Gebetsfahne, die ich im Universum aufhänge – wie die Feier der Wunder der Natur.«

Fotografieren heißt,
das Leben in jeder
Hundertstelsekunde in
vollen Zügen zu genießen.

Marc Riboud

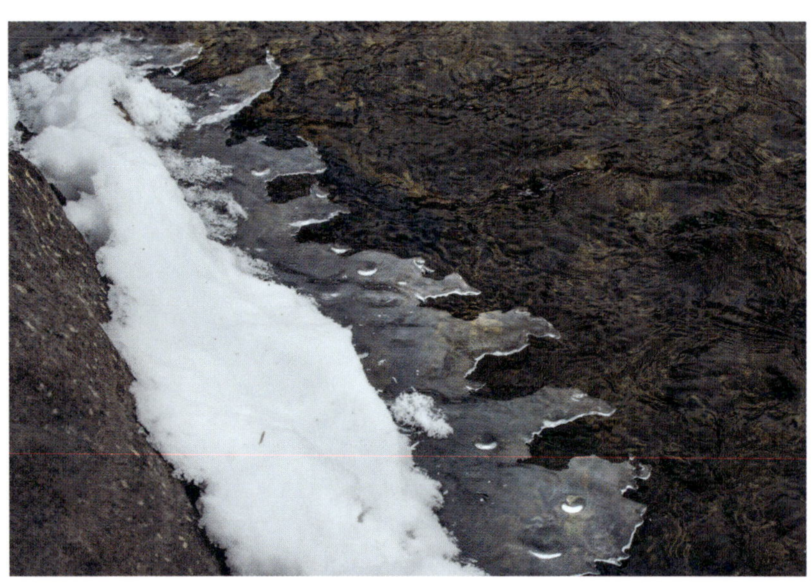

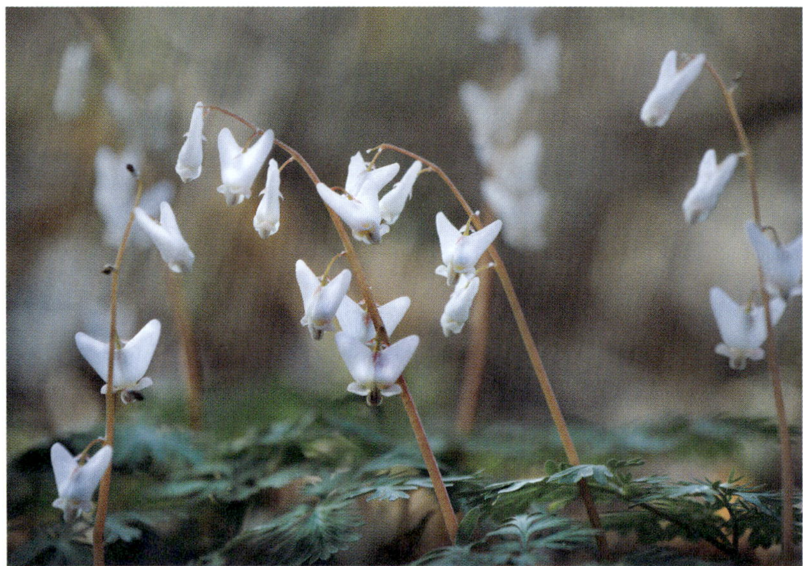

Jim Brandenburg
Aus der Sammlung *Frühling*

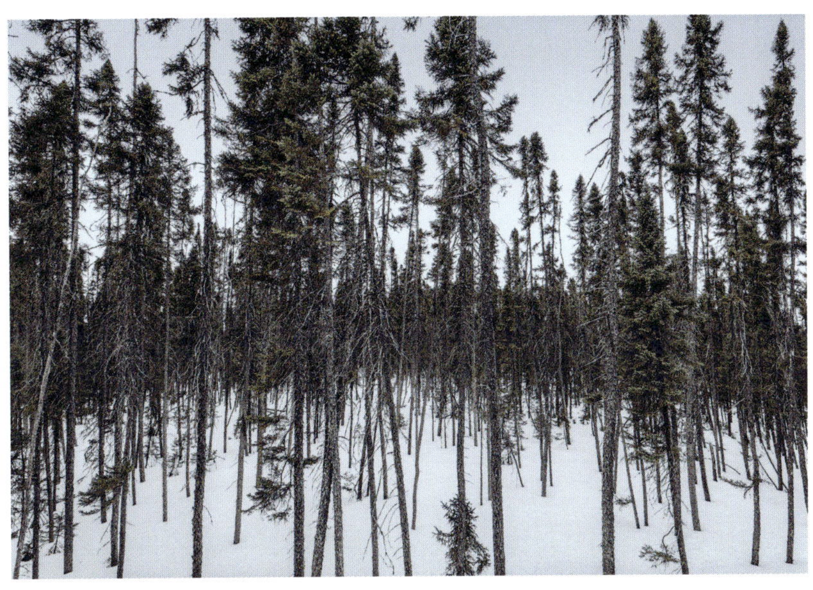

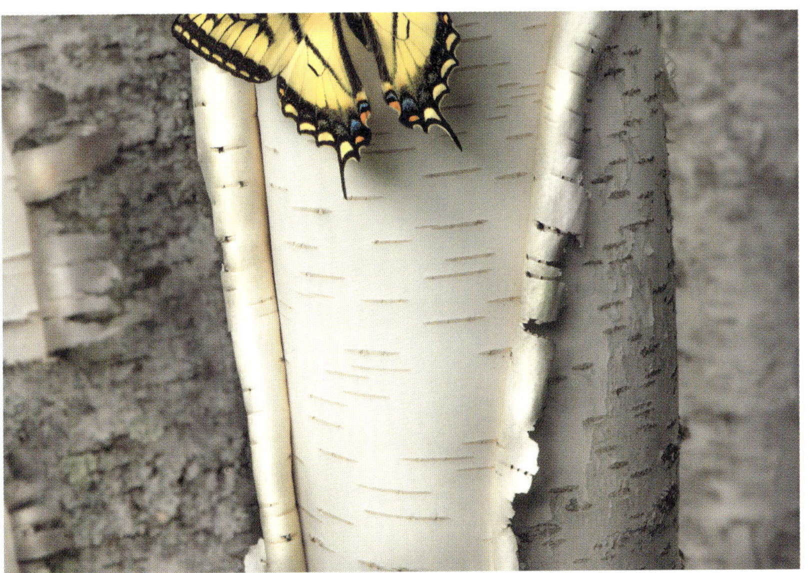

ACHTSAMKEITSÜBUNG

Die Kamera wertschätzen

Es gibt viele Möglichkeiten, Dankbarkeit zu einem bewussten Teil Ihres Lebens als Fotografin zu machen. Unterstützung finden Sie in einer großen Auswahl von Communitys. Aber bevor Sie darüber nachdenken, was Sie fotografieren, halten Sie einen Moment inne und wertschätzen die Ausrüstung, mit der Sie arbeiten.

Halten Sie Ihre Kamera in der Hand und fühlen Sie, wie elegant und leicht (oder schwer) sie ist. Schauen Sie sich die unterschiedlichen Oberflächen von jeder Seite an. Stellen Sie sich vor, Sie würden sie in ihre Einzelteile zerlegen. Denken Sie an den Konstrukteur und den Produzenten der Kamera und seien sie dankbar für deren Talente. Denken Sie an die heutigen ethischen und ökologischen Auswirkungen der Herstellung von Elektrogeräten und seien Sie den Menschen dankbar, die für faire Bezahlung und Umweltschutz kämpfen.

Rufen Sie sich die ersten Schritte der Fotografie Anfang des neunzehnten Jahrhunderts ins Gedächtnis und denken Sie an die Menschen, die mit der Camera obscura, Daguerreotypen und Glasplatten experimentiert haben. Überlegen Sie, welchen Fortschritten in Technologie, Design und Herstellung Sie zu verdanken haben, dass Sie heute eine so ausgereifte Ausrüstung in der Hand halten. Befassen Sie sich damit, wie viele Menschen heute Zugang zu einer Kamera haben und wie viele Fotografen Familien zusammenbringen, Geschichten erzählen, Meinungen ändern und Herzen öffnen. Danken Sie Ihrer Kamera dafür, dass Sie Ihnen hilft, die Welt klarer, neugieriger und mit mehr Mitgefühl zu betrachten. Versprechen Sie sich selbst, sie voller Dankbarkeit zu nutzen.

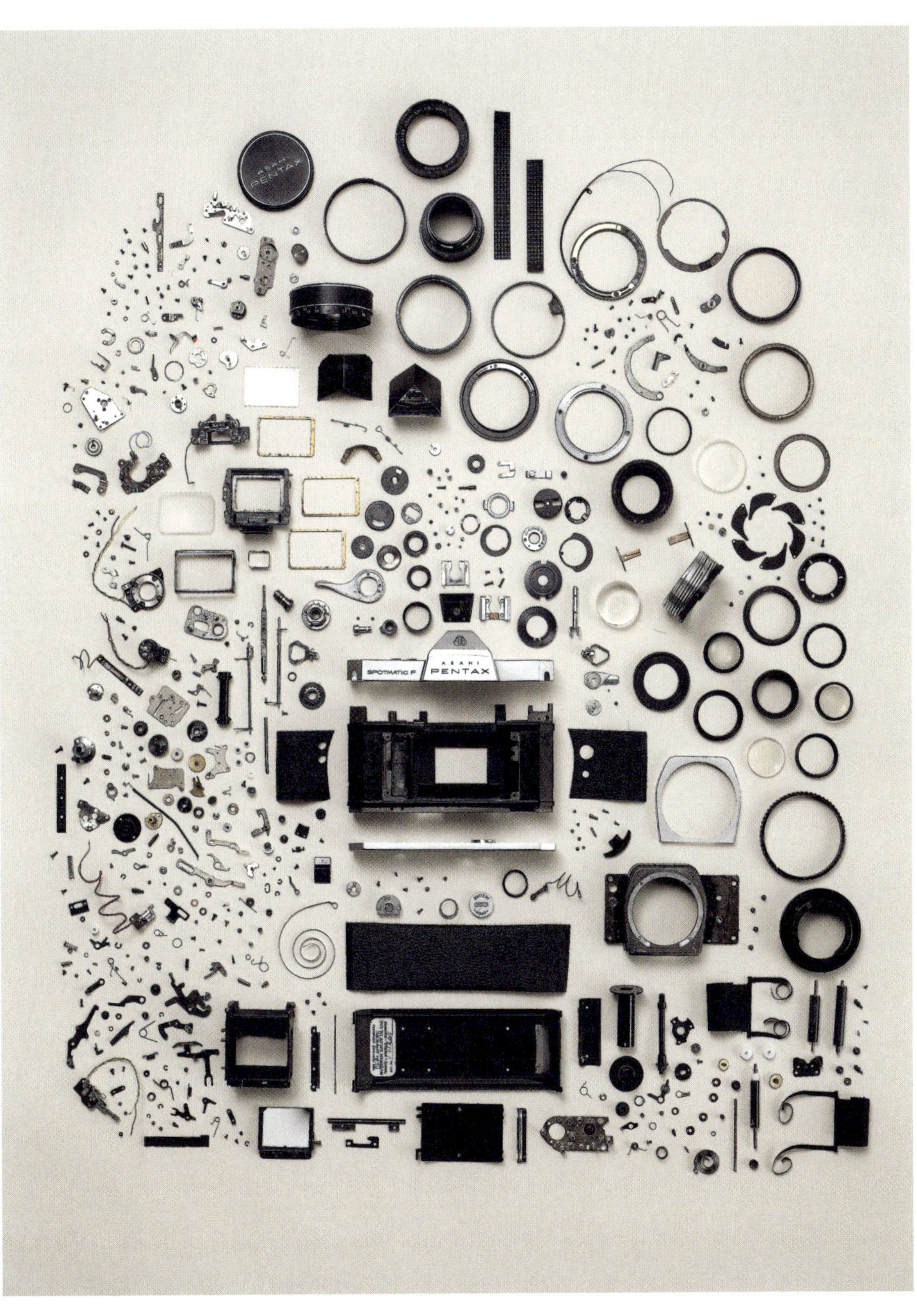

Todd McLellan
Die Dinge fallen auseinander, Alte Kamera (zerlegte Pentax-Kamera), 2019

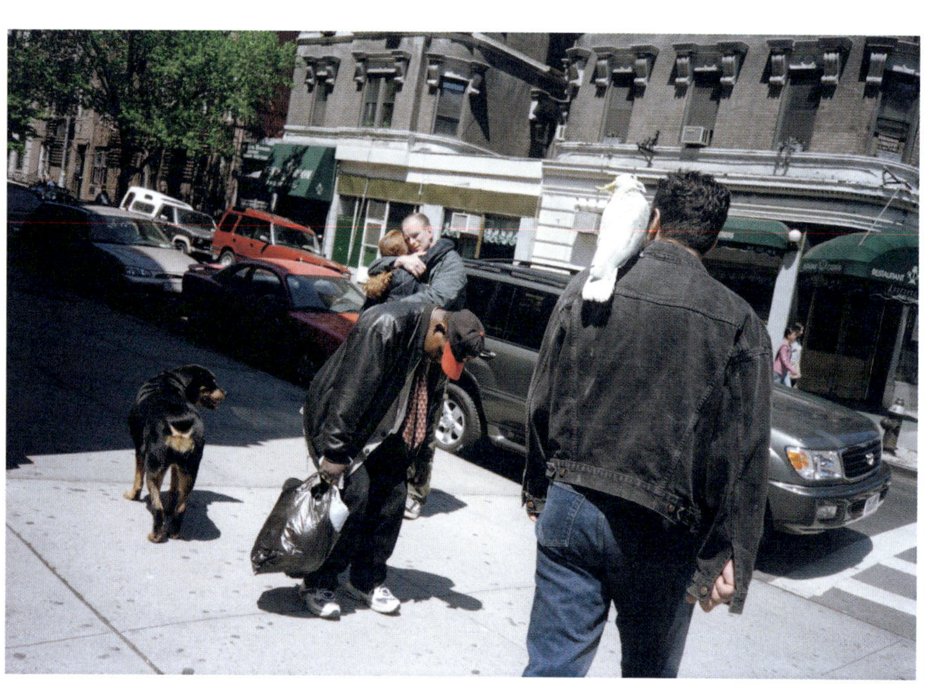

Melanie Einzig

 Spring Corner, New York, 2000

Offenheit

Die Metaphern, mit denen wir Fotografie beschreiben, sprechen für sich: Zeigen, Schießen, Aufnehmen, Jagen, Abwedeln usw. Viele Verben bezeichnen räuberisches Verhalten und aggressive Taten oder ermutigen sogar dazu. Doch das Fotografieren mit achtsamem Blick hat genau das Gegenteil zum Ziel. Der Fotograf jagt sein Motiv nicht wie eine Beute, sondern genießt es ruhigen Geistes, wie sich die ganze Welt vor ihm entfaltet. Genau das beschreibt auch Howard Zehrs: »Fotografieren heißt nicht, nach allem und jedem zu greifen. Es geht vielmehr darum, das Bild zu empfangen, das ein Motiv reflektiert. Fotografieren hat nichts mit *Nehmen* zu tun, sondern mit *Bekommen*. Wir jagen keine Trophäe, sondern erhalten ein Geschenk.«

Wenn Sie nicht mehr »erobern«, sondern »empfangen« möchten, müssen Sie Ihren Geist bewusst umprogrammieren und sehr viel üben. Die Fotografin Julie DuBose beschreibt den Vorgang als eine ziemlich verwirrende Erfahrung: »Wir können erst empfangen, wenn wir unser Ziel und unser Tempo verinnerlichen, denn erst dann sind wir wirklich bereit zu empfangen. Vorher sind wir nicht davon überzeugt, zu empfangen und haben Angst, auf die Nase zu fallen. ... Es fühlt sich an, als habe man sich mitten auf dem Meer verirrt, aber niemand weiß, dass man sich verirrt hat. Die Hoffnung, gefunden zu werden, schwindet dann mit jeder Sekunde. Erst wenn man wirklich Hoffnung empfindet, kann man auch zum Ufer zurückkehren.«

Der amerikanische Fotograf Minor White entwickelte kurz nach dem Zweiten Weltkrieg einen mystischen Zugang zur Fotografie. Er war sehr aufnahmefähig und schoss eine Reihe von geheimnisvollen Fotos voller Dankbarkeit. Als Mitbegründer und langjähriger Herausgeber des Magazins *Aperture* schrieb White in einer Ausgabe aus dem Jahr 1959: »Der Geisteszustand eines Fotografen beim Fotografieren … gleicht einer Art Leere. Aber es ist ein sehr aktiver, aufnahmefähiger Zustand, in dem der Fotograf jeden Moment bereit ist, ein Bild zu schießen. Allerdings hat er zu keiner Zeit ein vorgefertigtes Bild im Kopf. … Dieser Zustand ähnelt einer Filmrolle – scheinbar untätig, doch so empfindlich, dass sie durch die Belichtung in einem Bruchteil einer Sekunde zum Leben erweckt wird.«

John Daido Loori war in den 1970er Jahren Schüler von White. In seinem Buch *The Zen of Creativity* (Das Zen der Kreativität) beschreibt er den Zauber seines ungewöhnlichen Lehrers. »Mir war nicht klar, dass Kunst das Tor zu einer ernsthaften und transformativen spirituellen Praxis sein kann. Doch Minors Arbeiten zeichneten sich durch mehr als eine gute Technik aus. Deshalb waren sie so mystisch. … Beim Betrachten seiner Fotos hatte ich das Gefühl, in eine andere Bewusstseinssphäre gezogen zu werden. Minors Werke zeugten von einer neuen Art des Sehens, einer neuen Art der Wahrnehmung.«

Der erste Workshop, den Loori bei White absolvierte, war sehr verwirrend: In den ersten beiden Tagen fasste niemand seine Kamera an. Stattdessen hielt Minor vor dem Morgengrauen Meditations- und Tanzsitzungen ab. Danach stellte er den Studierenden tiefgreifende philosophische Fragen. Am vierten Tag machte sich Loori über Nacht auf die Suche nach einer Vision in einen nahe gelegenen Wald auf. »Dabei hatte er Minors Anweisung im Kopf: Erkunde die Landschaft, ohne eine Erwartung zu haben. Lasse zu, dass das Motiv dich findet. … Warte darauf, dass es erkennt, dass du da bist. Versuche nicht, ein Foto aufzunehmen, sondern lasse dich von deiner Intuition leiten, um den richtigen Moment zum Drücken des Auslösers zu finden.«

Man muss nicht nach Bildern suchen. Das Material bietet so viel. Du musst nur nach draußen gehen, damit dich die Bilder anschauen.

Lee Friedlander

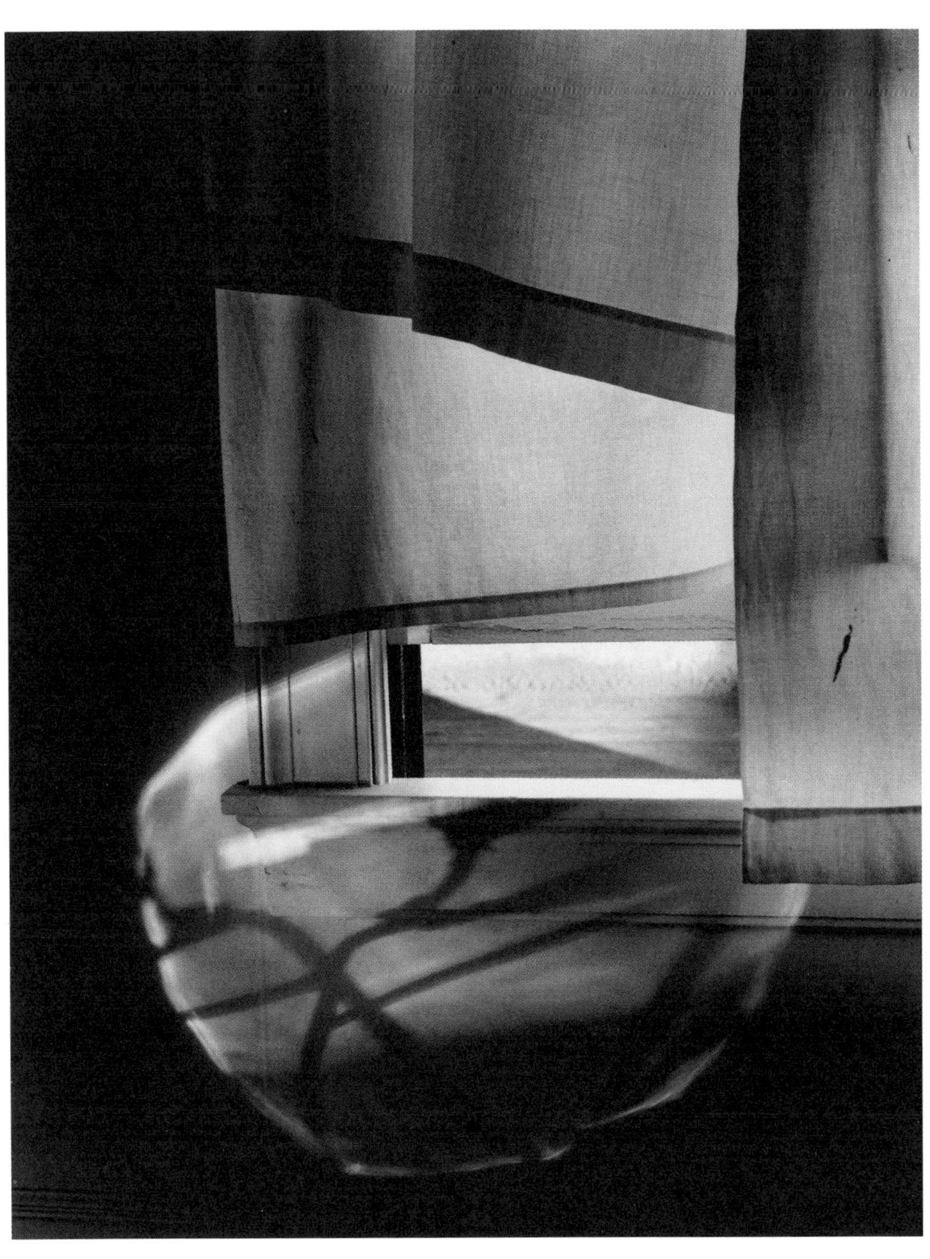

Minor White
Fensterbank, Tagträumen, Rochester, 17. Juli, 1958

Wenn ich über meine Kamera ein Geschenk erhalte, nehme ich es dankbar an.

Minor White

ACHTSAMKEITSÜBUNG

Fotos angeln

Straßenfotografen haben die meiste Übung darin, unvoreingenommen das anzunehmen, was sich ihnen zeigt. Häufig beschreiben Sie ihre Kunst als »Angeln« – eine Tätigkeit, für die der Künstler die perfekte Mischung aus Geduld, Aufmerksamkeit, Glück und Reaktionsfähigkeit beherrschen muss. Jeder Angler weiß, dass er viel Zeit damit verbringt, scheinbar nichts zu tun. Er lernt, gegenwärtig und aufmerksam zu bleiben. Wenn er den Fisch an den Köder zwingen will, wird er wahrscheinlich keinen Erfolg haben. Doch wenn die Leine plötzlich zuckt, muss er sofort reagieren und beim Aufwickeln intuitiv seinen ganzen Körper mit der Bewegung des Fisches synchronisieren.

So üben Sie das Fotoangeln:

1. Finden Sie einen Ort, der Sie vielleicht wegen des großartigen Lichts oder eines interessanten Hintergrunds fasziniert. Verbringen Sie einige Zeit an diesem Ort, ganz ohne Plan, und bleiben Sie einfach offen für die Bilder, die sich Ihnen eröffnen.

»Wenn ich in der Öffentlichkeit fotografiere, bleibe ich wach und aufmerksam. Ich freue mich daran, dass mir das Leben so außergewöhnliche und schöne Situationen bietet, die ich nie selbst herstellen könnte.«

MELANIE EINZIG

2. Kommen Sie in den ersten Minuten nur bei sich selbst und am Ort an. Atmen Sie einige Male tief ein und aus. Spüren Sie, wie sich Ihre Füße mit dem Boden verbinden. Schließen Sie Ihre Augen und konzentrieren Sie sich auf die nicht visuellen Sinne. Wie riecht es hier? Was hören Sie? Können Sie das Wetter auf Ihrem Gesicht spüren? Öffnen Sie nun Ihre Augen und nehmen Sie die visuellen Eindrücke wahr.

3. Suchen Sie nach nichts und erzwingen Sie nichts. Verhalten Sie sich einfach, wie bei einer visuellen Meditation und konzentrieren Sie sich auf jede kleine Veränderung, ohne sie zu bewerten. Machen Sie Fotos als intuitive Reaktion auf veränderte Formen, Farben, Eigenschaften oder Stimmungen. Denken sie nicht darüber nach und bearbeiten Sie Ihre Fotos nicht, solange Sie die Übung praktizieren.

4. Wenn Sie anfangen, etwas zu bewerten oder zu kennzeichnen, Geschichten zu erfinden oder sich von Ideen einfangen zu lassen, nehmen Sie dieses Gefühl wahr und lösen Sie sich von den Gedanken, statt sie zu verfolgen.

Fotografie ist keine Dokumentation, sondern Intuition – eine poetische Erfahrung. Ertränken Sie sich selbst, lösen Sie sich auf und schnuppern Sie – seien Sie empfänglich für Zufälle. Man kann sie nicht suchen, man kann sie nicht herbeiwünschen. Zuerst muss man loslassen. Dann kommen sie von selbst.

Henri Cartier-Bresson

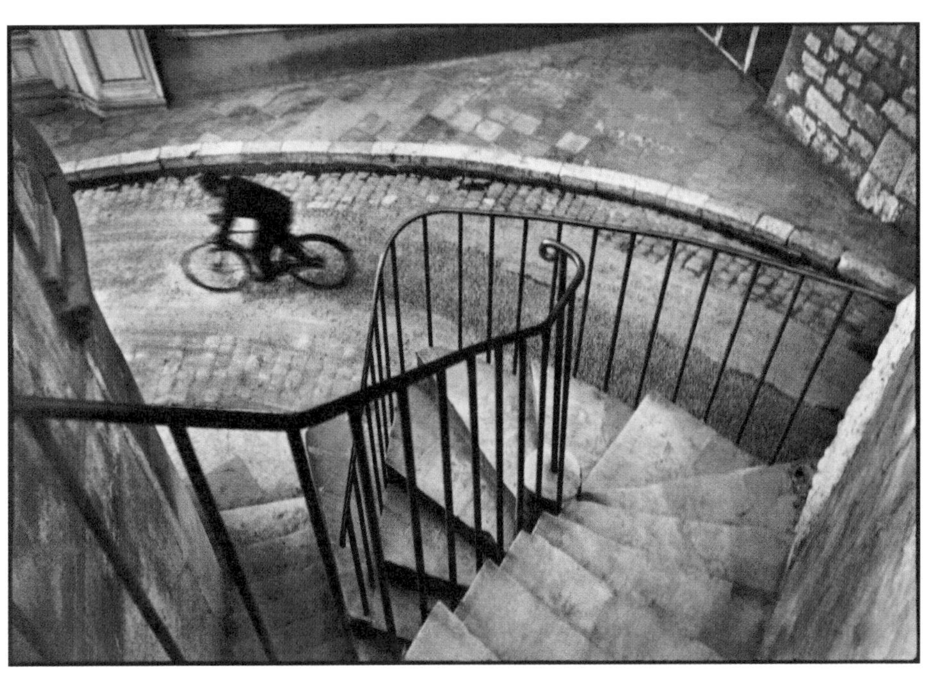

Henri Cartier-Bresson
Frankreich, Das Département Var, Hyères, 1932

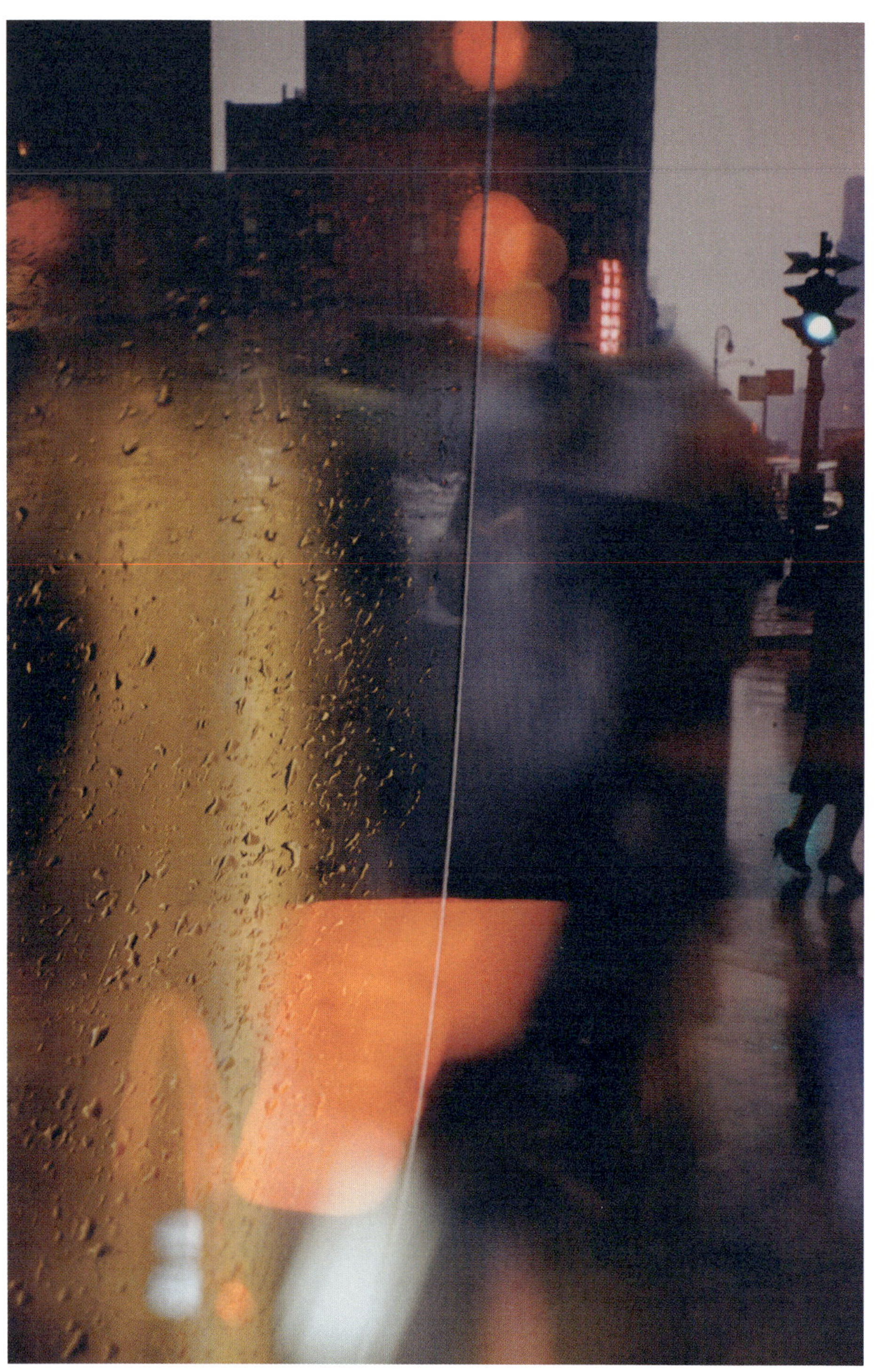

Saul Leiter
Gehen Sie mit Soames, 1958

Doppeldeutigkeit

Viele Fotografen befreien sich selbst und die Betrachter ihrer Werke von den Fesseln einer gelernten Wahrnehmung, indem sie mit Doppeldeutigkeiten spielen. Saul Leiter fotografierte sechs Jahrzehnte lang das gleiche Viertel in New York. Dabei blieb er immer neugierig und suchte dauerhaft nach Geheimnissen im Bekannten. »Ich mag es, wenn jemand unsicher ist«, erklärte er. »Wenn man nicht weiß, warum der Fotograf ein Foto aufgenommen hat und warum man es überhaupt anschaut. Denn erkennt man plötzlich etwas Neues, das man zuvor noch nicht gesehen hat. Ich mag dieses Chaos.« Leiter war größtenteils Autodidakt. Seine halb abstrakten Kompositionen zeigen häufig Licht, das in einem Spiegel oder Glas reflektiert, sowie von Regen oder Schnee vernebelte Szenen. In Lücken zwischen Türen, Fenstern und Vordächern erhaschen wir einen Blick auf erkennbare Dinge – Menschen, Autos, Ampeln und Straßenschilder –, nichts davon ist jedoch vollständig sichtbar.

Leiter behauptete: »Ein Fenster mit Regentropfen interessiert mich mehr als ein Foto einer berühmten Person.« Nadev Kander hingegen fotografiert berühmte Persönlichkeiten und öffnet damit einen weiten Raum für Doppeldeutigkeit. Kander hat einige der bekanntesten Politiker und Persönlichkeiten aus Sport und Kultur der Welt fotografiert, darunter Präsident Obama, Präsident Trump, Joe Biden, Paul McCartney, David Beckham, Usain Bolt und David Attenborough. Gesichter, die wir sofort erkennen. Doch Kander verleiht ihnen den Hauch des Unbekannten. »Ich tauche ein in eine verlangsamte Realität; das ist mir sehr wichtig und gefällt mir ungemein. Langsam, ruhig und leicht verunsichert. Scheinbar gibt es mehr als das, was man auf den ersten Blick sieht«, erklärte er in einem Gespräch mit Kurator David Campany. »Ich muss den Betrachter enttäuschen, das Rätsel des Bildes lässt sich nicht leicht lösen. ... Soll er eine Beziehung zu dem Bild aufbauen, das Sie machen, dürfen Sie nicht alles enthüllen.«

Doppeldeutigkeit ist auch das Markenzeichen von Kate Kirkwood. In ihren Fotos von *Kuhrücken* legt sie die wellige Form des Rückens gegen die Hügel des Lake District in England. Mit dieser überraschenden Perspektive feiert die Künstlerin die Schönheit der ländlichen Farben und Formen und die Gemeinschaft von Tier und Natur in der Landschaft, in der sie lebt und arbeitet.

Uta Barth hat zwei Jahrzehnte lang die Veränderlichkeit in der Wahrnehmung des Motivs zum Thema ihrer Arbeiten gemacht. Ihre häufig fast leeren, gelegentlich verschwommenen, auf ungewöhnliche Weise abgeschnittenen Bilder trotzen der fotografischen Konvention, den Fokus auf ein definierbares Motiv zu richten. Dem Betrachter ist keine schnelle visuelle Interpretation möglich, sodass er im Zwiespalt zwischen Betrachten und Sehen gefangen bleibt. »In den meisten Bildern sind Motiv und Bedeutung identisch. Ich wollte das infrage stellen. Ich wäge immer ab, wie ich den Betrachter motiviere, bewusst hinzusehen und sich nicht in Gedanken über das Motiv zu verlieren«, erklärt sie.

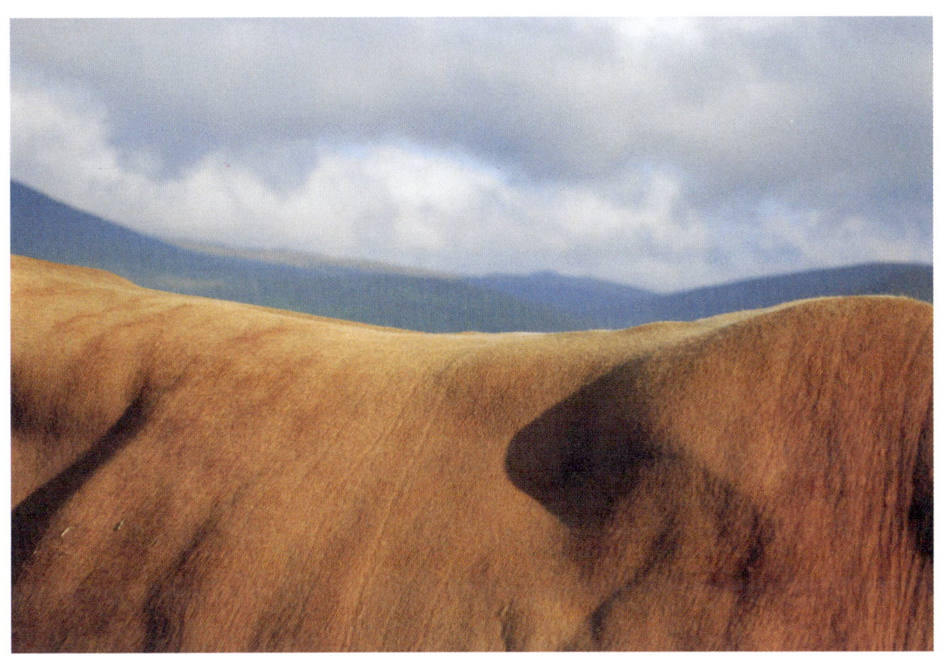

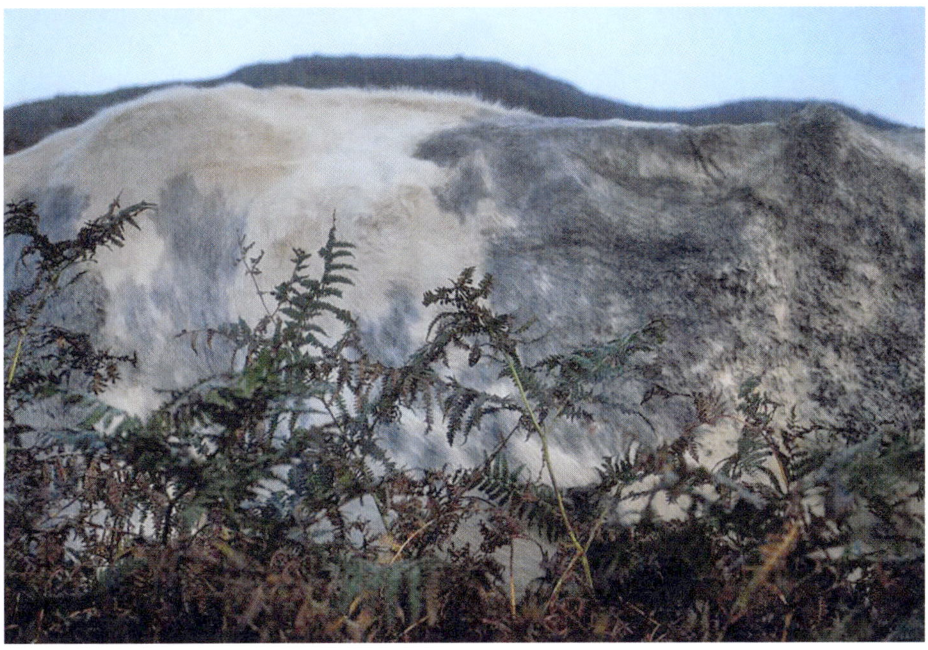

Kate Kirkwood
Oben: *Stierrücken*, 2009
Unten: *Kuhrücken mit Farnkraut*, 2010

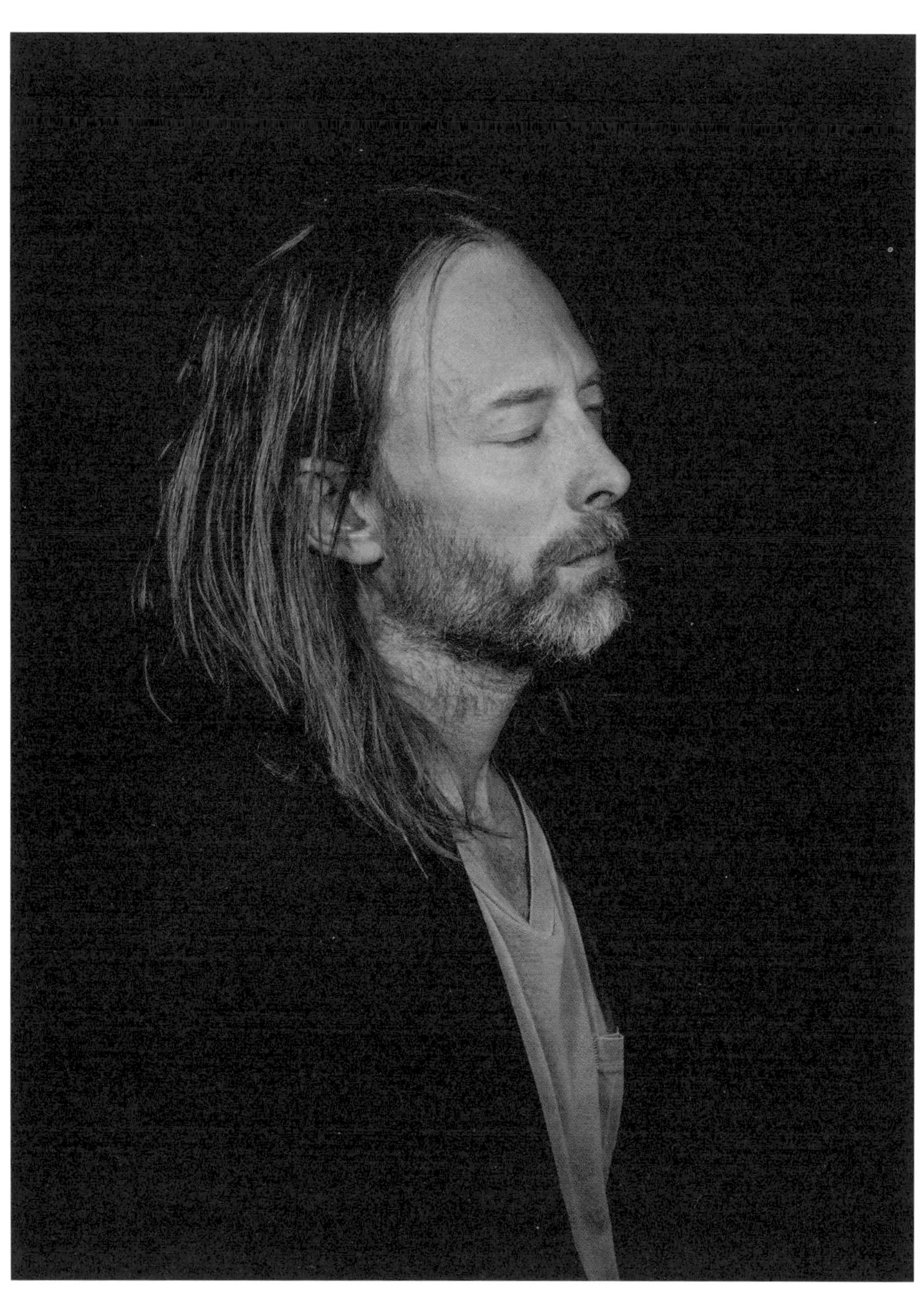

Nadav Kander
Thom Yorke IV, London, England, 2015

Ein Porträt ist eine Möglichkeit, einige Facetten des Menschen zu betrachten. Dann flackert ganz kurz eine Wahrnehmung von Schönheit auf – oder das Gegenteil – und verschwindet wieder.

Nadav Kander

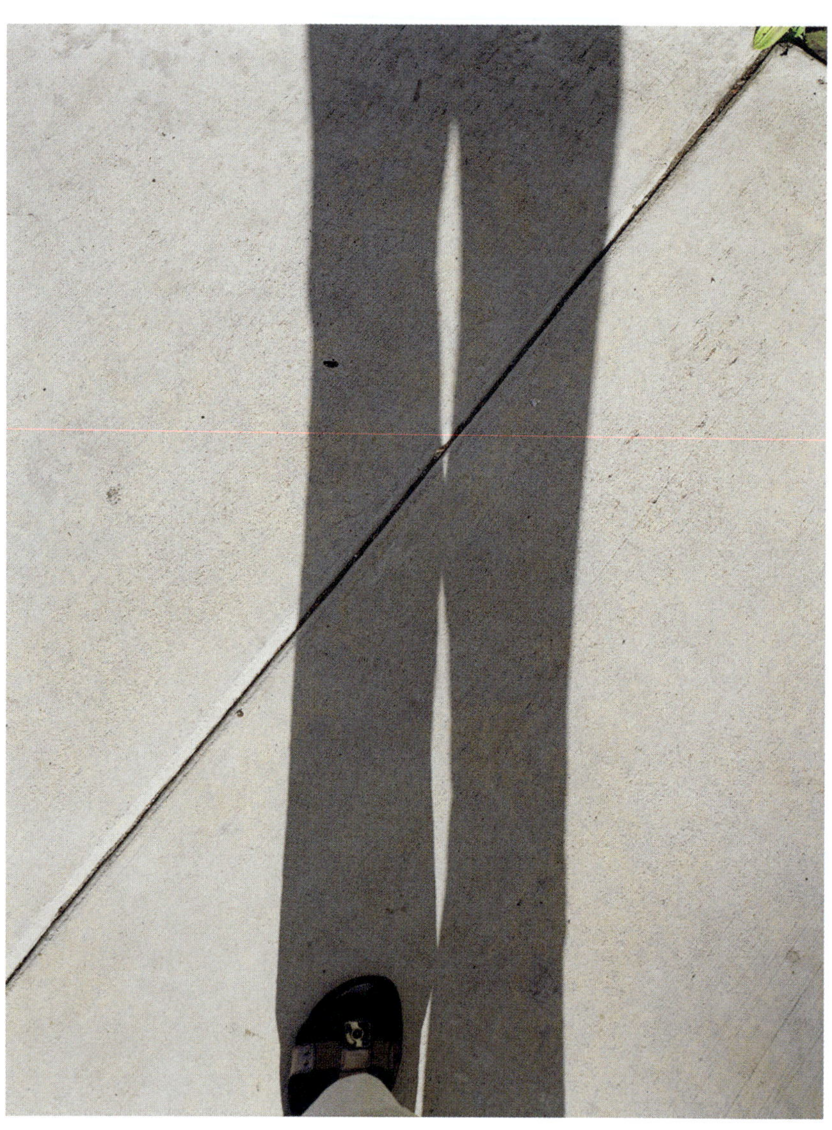

Uta Barth

 … ohne Ziel gehen und nur sehen, um zu sehen (Ohne Titel 10.2), 2010

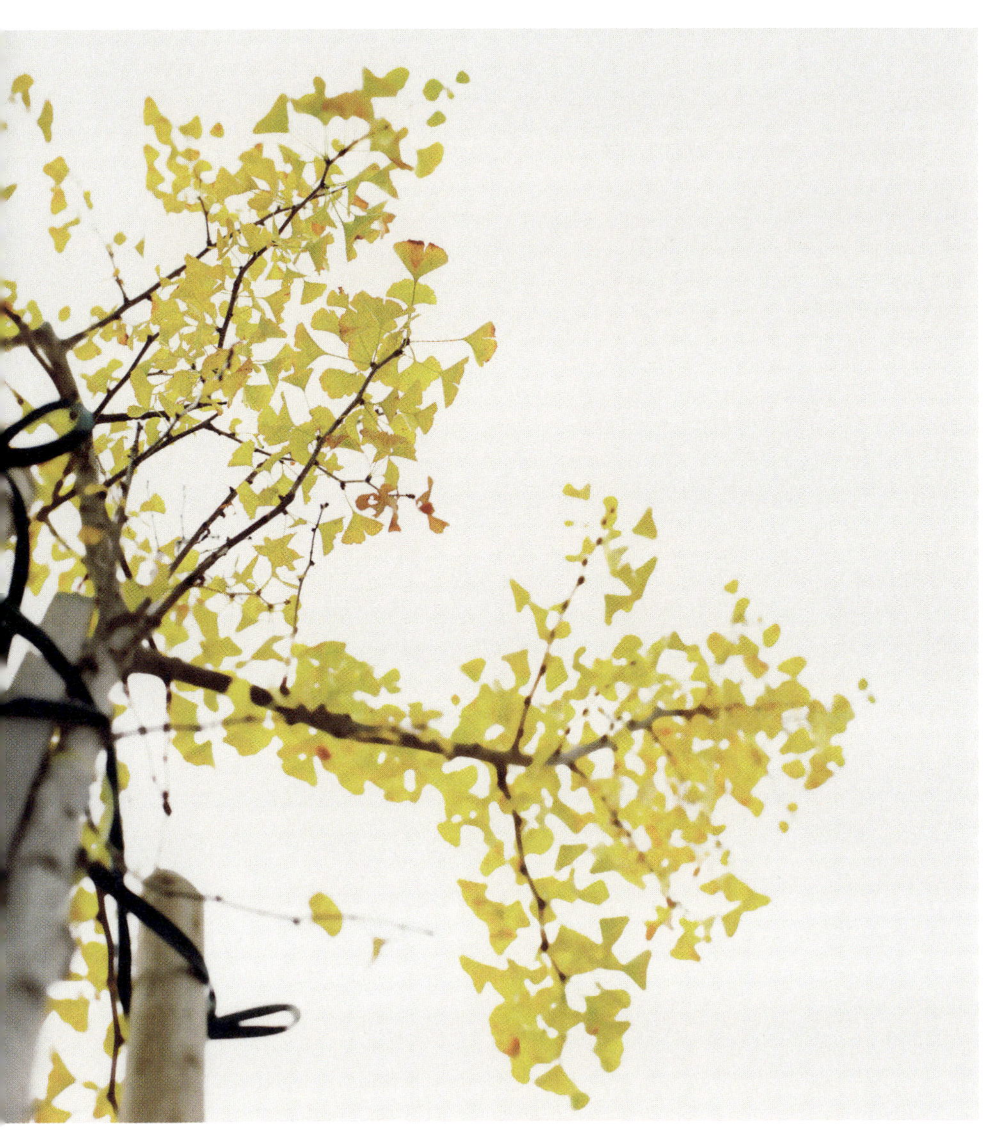

ACHTSAMKEITSÜBUNG

Wie das Wasser

Viele Fotografen haben die Erfahrung gemacht: Je verbissener Sie versuchen, das perfekte Foto aufzunehmen, desto weniger Erfolg haben Sie. Ihr Geist ist zu voll von Anstrengung, Wünschen und Erwartungen, sodass wenig Raum für kreative Resonanz bleibt. Die größte Herausforderung ist es wohl, sich selbst nicht im Weg zu stehen und so unendlich beweglich wie Wasser zu werden. Diese im Taoismus als *wu-wei* bezeichnete Philosophie wird meist mit »mühelosem Agieren« oder »Im Fluss bleiben« übersetzt und wurde im Westen durch die Kampfkunst-Legende Bruce Lee berühmt.

Stellen Sie sich die folgenden Fragen, damit Ihre fotografischen Arbeiten besser im Fluss bleiben. Dabei ist zwar *wu-wei* die Kunst der Mühelosigkeit, aber sie zu üben, ist alles andere als mühelos. Sie müssen diszipliniert, regelmäßig und geduldig daran arbeiten.

1. Fragen Sie sich, was geschieht »durch Sie«, also wenn Sie nicht explizit daran arbeiten. Welche Qualitäten verleihen Sie einer Situation nur durch Ihre Anwesenheit?

»Kläre deinen Geist. Sei formlos wie das Wasser.«

BRUCE LEE

2. Wenn Sie versuchen, ein Ergebnis zu erzwingen, nehmen Sie dies wahr und lassen Sie den Gedanken vorbeiziehen.

3. Überlegen Sie, wie die Natur zu Ihrem kreativen Ko-Produzenten werden kann. Nehmen Sie sich zurück und überlassen Sie ihr die Zügel. Sie können versuchen, Fotogramme zu machen, also natürliche Objekte auf Fotopapier legen und von der Sonne belichten lassen.

4. Stellen Sie sich vor, Sie bewegen sich wie Wasser. Ihr Körper fließt leicht und alles, was sich ihm in den Weg stellt, strömt um ihn herum. Üben Sie diese Flexibilität des Körpers sowohl mit als auch ohne Kamera, allein und an öffentlichen Plätzen.

5. Lernen Sie, wie ein Surfer mühelos über die Welle zu gleiten. Vielleicht sind Sie lange gepaddelt und haben lange gewartet. Lassen Sie sich also von der überwältigenden Kraft der Welle forttragen.

Es gibt Dinge,
die leben durch uns oder
drücken sich durch uns aus.
Wenn wir einfach ausweichen,
tun wir genau das Richtige.

Susan Derges

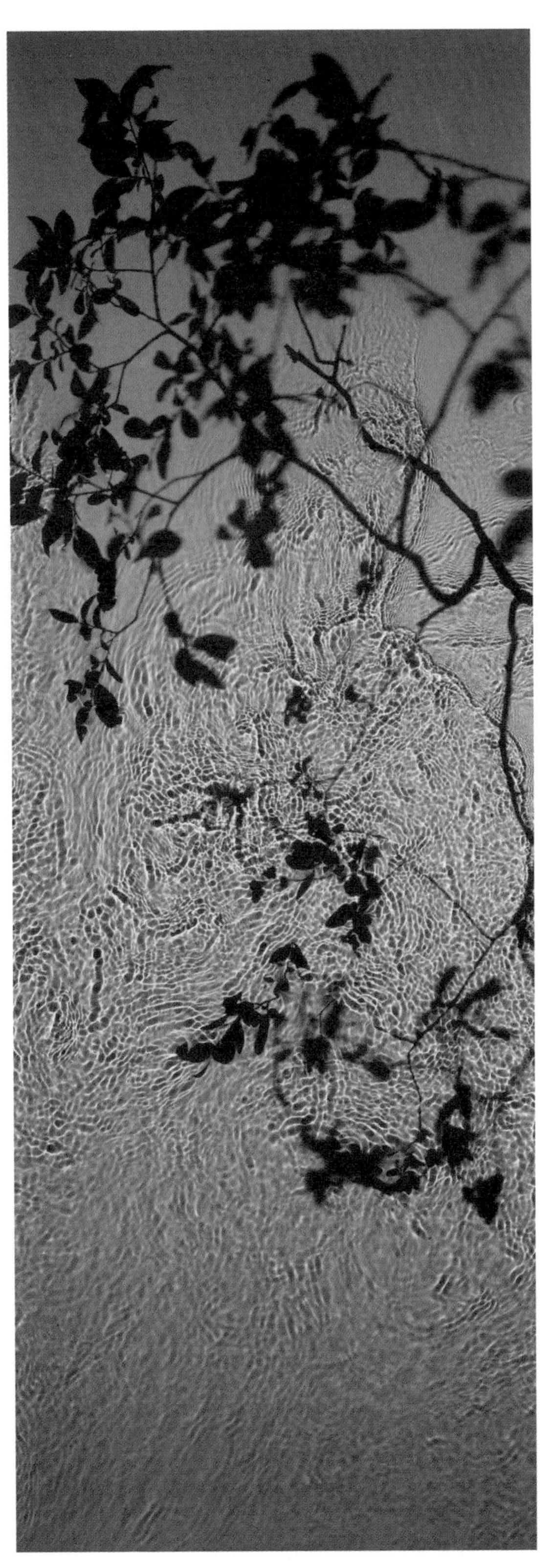

Susan Derges
Der Fluss
Taw, 1998

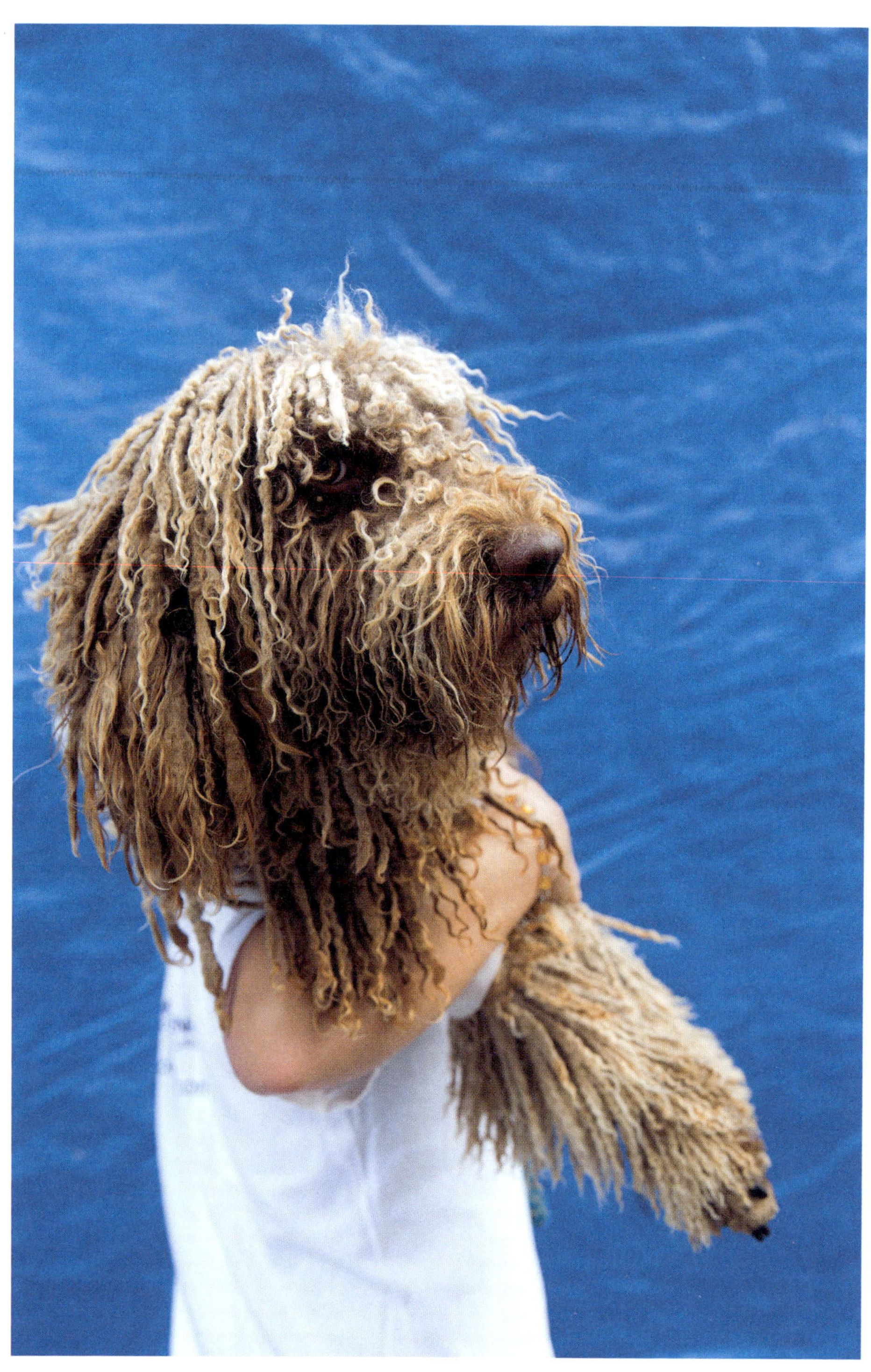

Matt Stuart
Buñol, Spanien, 2017

Spielerische Leichtigkeit

Je mehr Leidenschaft Sie für das Fotografieren entwickeln, desto mehr riskieren Sie, es zu ernst zu nehmen. Als achtsamer Fotograf versuchen Sie, spielerisch zu agieren. Damit halten Sie Ihr Ego in Grenzen und Ihre Vorstellungskraft lebendig.

Für den österreichisch-amerikanischen Fotografen Ernst Haas gehörten spielerische Leichtigkeit und Freiheit untrennbar zusammen. Haas hatte jüdische Wurzeln und wurde zu Beginn des Zweiten Weltkriegs in ein deutsches Arbeitslager geschickt. Nach Kriegsende entschied er sich, seine Freiheit nie wieder einschränken zu lassen. Er war bereits einige Jahre als Fotograf tätig, als ihm das *LIFE* Magazin eine Anstellung anbot. Er lehnte ab mit der Begründung: »Ich möchte frei bleiben, [damit] ich meine Ideen umsetzen kann. ... Ich glaube, dass ich von kaum einem Herausgeber die Aufgaben bekomme, die ich mir selbst stelle.«

Haas behauptete, dass er nie Fotograf, sondern Maler oder Entdecker werden wollte. Seinen Entdeckergeist bewahrte er sich ein Leben lang: Er tat die ersten Schritte in der Farbfotografie und experimentierte mit Tiefenschärfe, unscharfen Bewegungen und Überbelichtung, um unglaublich lyrische Effekte zu erzielen. Angeblich sendete er einst eine Serie sehr unscharfer Fotos, die er bei einem Stierkampf aufgenommen hatte, an ein Labor, das ihm erklärte, dass sich die Fotos nicht drucken ließen. Das *LIFE* Magazin erkannte, wie originell diese Arbeiten waren, und veröffentlichte sie auf zwölf Seiten. Mehr als alles andere fürchtete Haas kreativen Stillstand: »Ich möchte nicht behaupten, dass es keine Straßen mit ertragreichen Richtungen gibt. Im Lernprozess gibt es sie. Folgen Sie Ihnen, nutzen Sie sie und vergessen Sie sie. Stellen Sie Ihr Auto nie an solchen Straßen ab. Straßen führen Sie zu einem Ziel, aber versuchen Sie nie, dort anzukommen. Die Ankunft ist der Tod jeder Inspiration.« Haas hatte es in seiner Karriere als erster Farbfotograf zu einer Einzelausstellung im Museum of Modern Art (MoMA) in New York gebracht. Als er gegen Ende seines Lebens über seine Karriere nachdachte, erklärte er: »Ich möchte für alles in der Welt offen sein. Und ich bin bereit, Gelerntes zu vergessen.«

Auch der russische Fotograf Gueorgui Pinkhassov ist nicht eindeutig als Künstler oder Fotojournalist zu verorten. Zwar nimmt er Aufträge an, räumt aber der Freiheit, spielerisch zu arbeiten, einen hohen Stellenwert ein. Wie Haas erzeugt er mit seinem Mut zu Licht und Farbe fesselnde, sensitive Bilder, die häufig einen Hang zum Abstrakten aufweisen. Obwohl Pinkhassov eine sehr individuelle Ästhetik entwickelt hat, lässt er sich nicht festnageln, am wenigsten von sich selbst. »Der eigene Stil kann zum Sklaven werden, wenn man sich nicht davon entfernt. Schnell ist man dann gezwungen, sich selbst zu wiederholen. Das Einzige, was zählt, ist Neugier. Sie öffnet mir den Weg zu Kreativität. Damit meine ich weniger die Angst, immer das Gleiche zu tun, sondern den Wunsch, immer wieder Neues zu entdecken.«

Mit seinem Streben nach endlosem Experimentieren hat Pinkhassov Instagram als Plattform für sich entdeckt. Hier ist er frei von den beruflichen Zwängen einer Auftragsarbeit. So nutzt er sein Instagram-Konto als Skizzenbuch, als einen Ort, an dem er spielen und experimentieren kann. »Hier geht es nicht um Professionalität oder Kommerz. Hier kann ich es genießen, Amateur zu sein. Meist bin ich sogar produktiver, wenn ich keine Verantwortung trage.«

Wo nicht gelacht wird, liegt nicht der wahre Weg.

Lao Tzu

Hüten Sie sich vor direkter Inspiration. Damit wiederholen Sie zu schnell das, was Sie inspiriert hat. Hüten Sie sich vor zu viel Geschmack, denn er führt zu Sterilität.

Ernst Haas

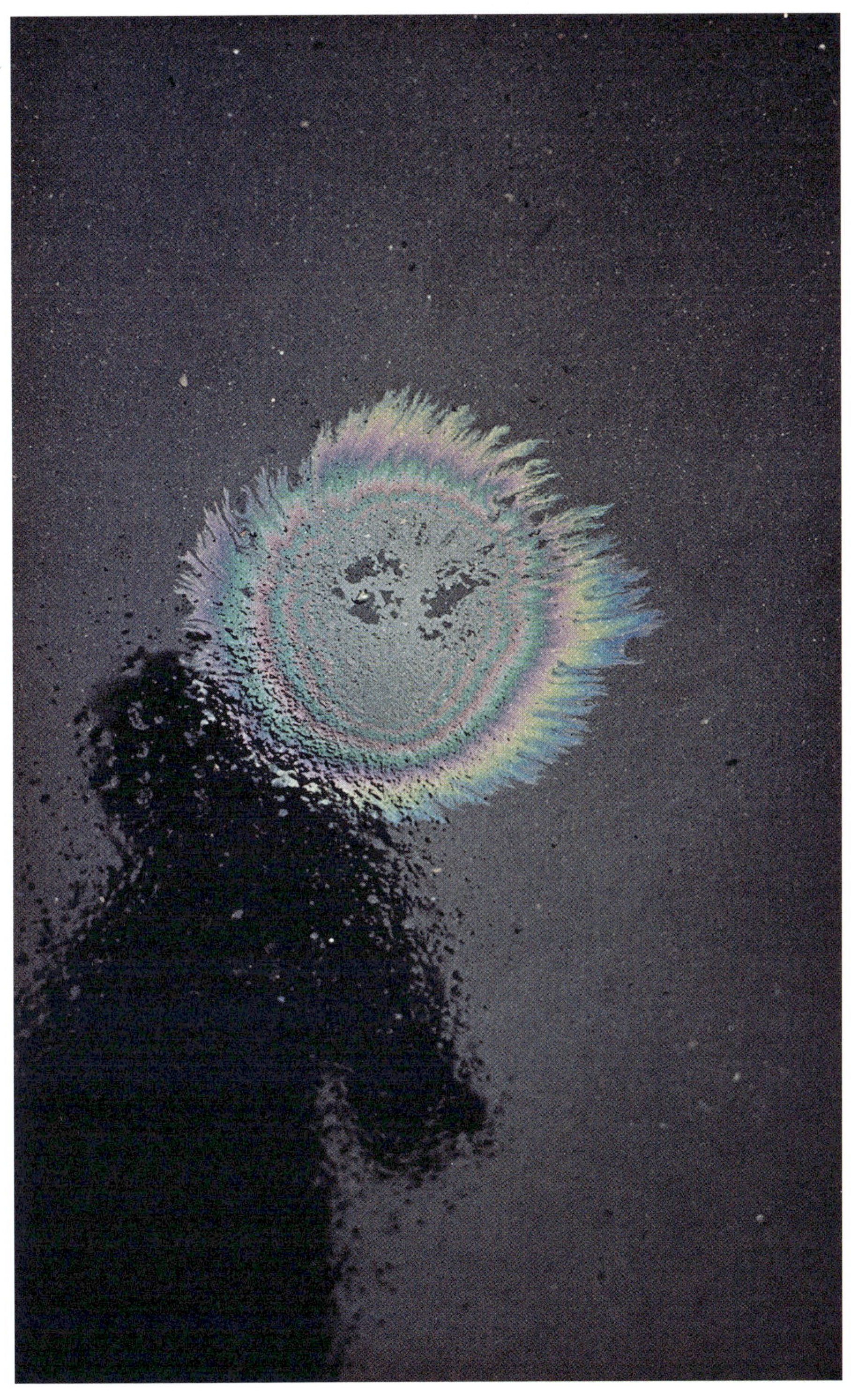

Ernst Haas, *Öl auf Wasser: Die Regenbogen-Korona eines auf Wasser schwimmenden Ölflecks in New York City*, 1953

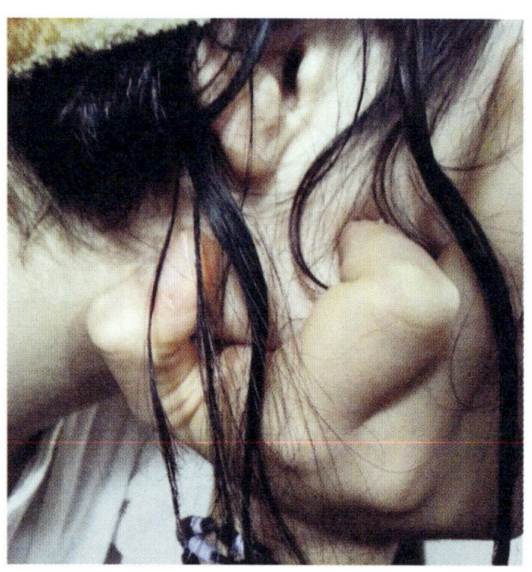

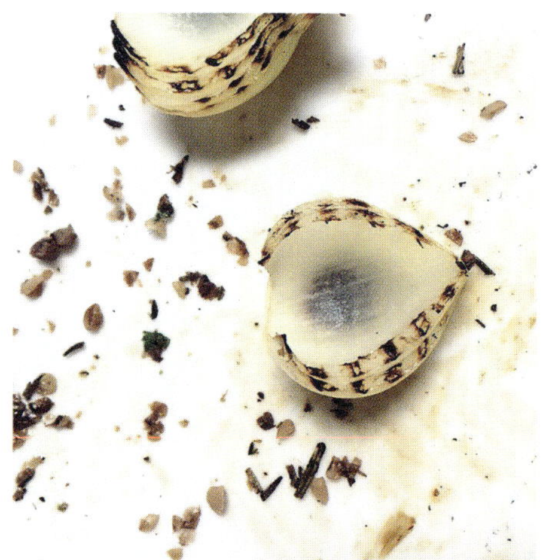

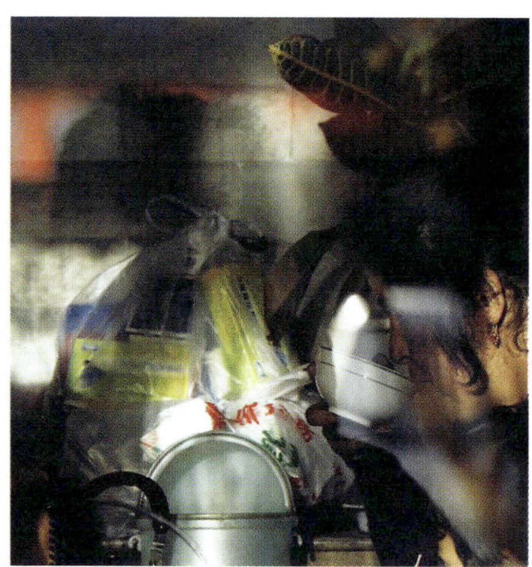

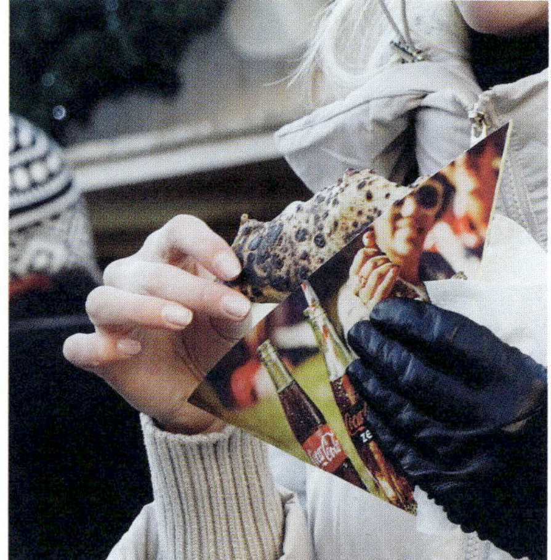

Gueorgui Pinkhassov
Instagram-Fotos aus dem Buch *Sophistication Simplification* (2017)

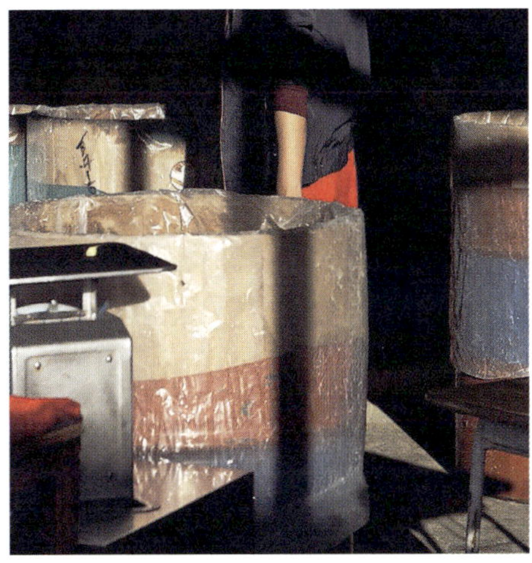
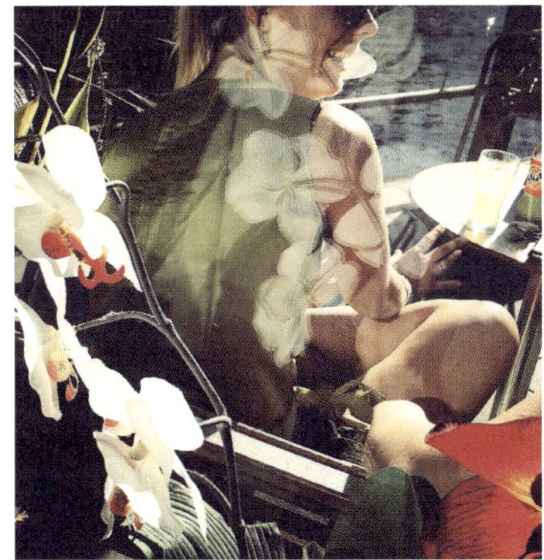
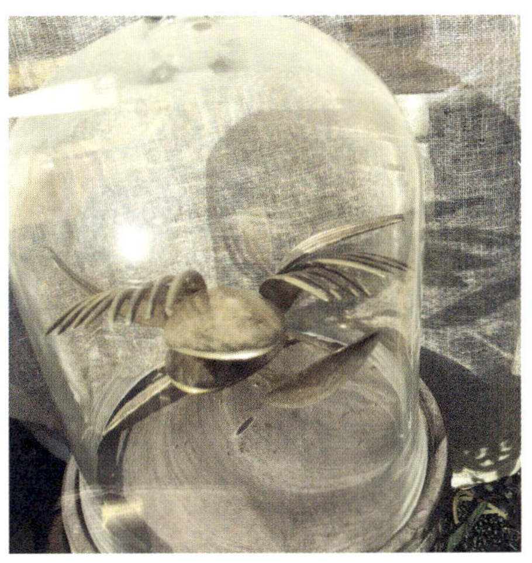
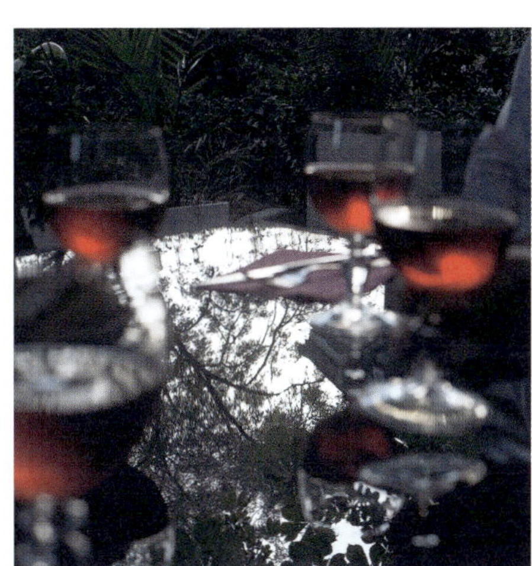

ACHTSAMKEITSÜBUNG

Improvisieren

Beim achtsamen Fotografieren improvisieren Sie und reagieren auf einen Augenblick noch in demselben Augenblick. Doch wenn Sie Angst haben zu scheitern, sich lächerlich zu machen oder Ihr Gesicht zu verlieren, verpassen Sie eine tolle Aufnahme. Wärmen Sie sich immer auf, um alle Hemmungen abzuwerfen. Mithilfe dieser Übung können Sie Ihre spielerische Seite aktivieren. Arbeiten Sie mit einer automatischen Kameraeinstellung, damit Sie spontan bleiben und sich nicht durch technische Details stressen lassen. Bitten Sie einen Freund oder eine Freundin, Sie zu begleiten. Gemeinsam wird man schneller albern und verspielter. Aber das Wichtigste ist: Denken Sie nicht an Erfolg, sondern daran, dass Sie auch hinfallen und scheitern könnten. Lachen Sie darüber, aber geben Sie nicht auf.

1. EIN FOTO PRO MINUTE – Gehen Sie zwanzig Minuten spazieren und nehmen jede Minute ein Foto auf. Kein Abwarten, keine zweite Chance.

2. AUS DER HÜFTE FOTOGRAFIEREN – Halten Sie Ihre Kamera nicht vor die Augen, sondern lassen Sie sie an der Hüfte baumeln und drücken Sie hier auf den Auslöser. Genießen Sie das Glück und die Zwanglosigkeit. Außerdem bleiben Sie so leichter unbemerkt.

»Das Wichtigste und Schwierigste ist, nichts zu wollen.«

GUEORGUI PINKHASSOV

3. ÜBER-UNTER-DURCH – Fotografieren Sie zwanzig Minuten lang über, unter und dann durch etwas. Also zum Beispiel unter Ihrem Arm hindurch, über Kopf und durch die Beine. Oder unter einer Bank hindurch, über eine Wand und durch ein Fenster. ... Machen Sie viele Fotos in gleichbleibender Geschwindigkeit. So haben Sie keine Zeit, darüber nachzudenken.

4. SPRINGEN-BÜCKEN-UMDREHEN – Springen Sie, bücken sie sich und drehen Sie sich um und nehmen Sie dabei jeweils ein Foto auf. Wiederholen Sie diese Bewegungen und erfinden Sie Ihre eigenen Variationen.

5. JETZT SIND SIE DRAN ... Welche anderen Spiele können Sie erfinden, damit Ihre Wahrnehmung leicht und verspielt bleibt? Heutzutage kann man Unmengen an Filmen zum Entwickeln einschicken. Ich muss immer lachen, wenn meine Fotos mit dem Aufkleber *Überprüfen Sie die Fotoqualität* zurückkommen. Vielleicht ist es ein Spiel, bei dem ich Misserfolge sammele?

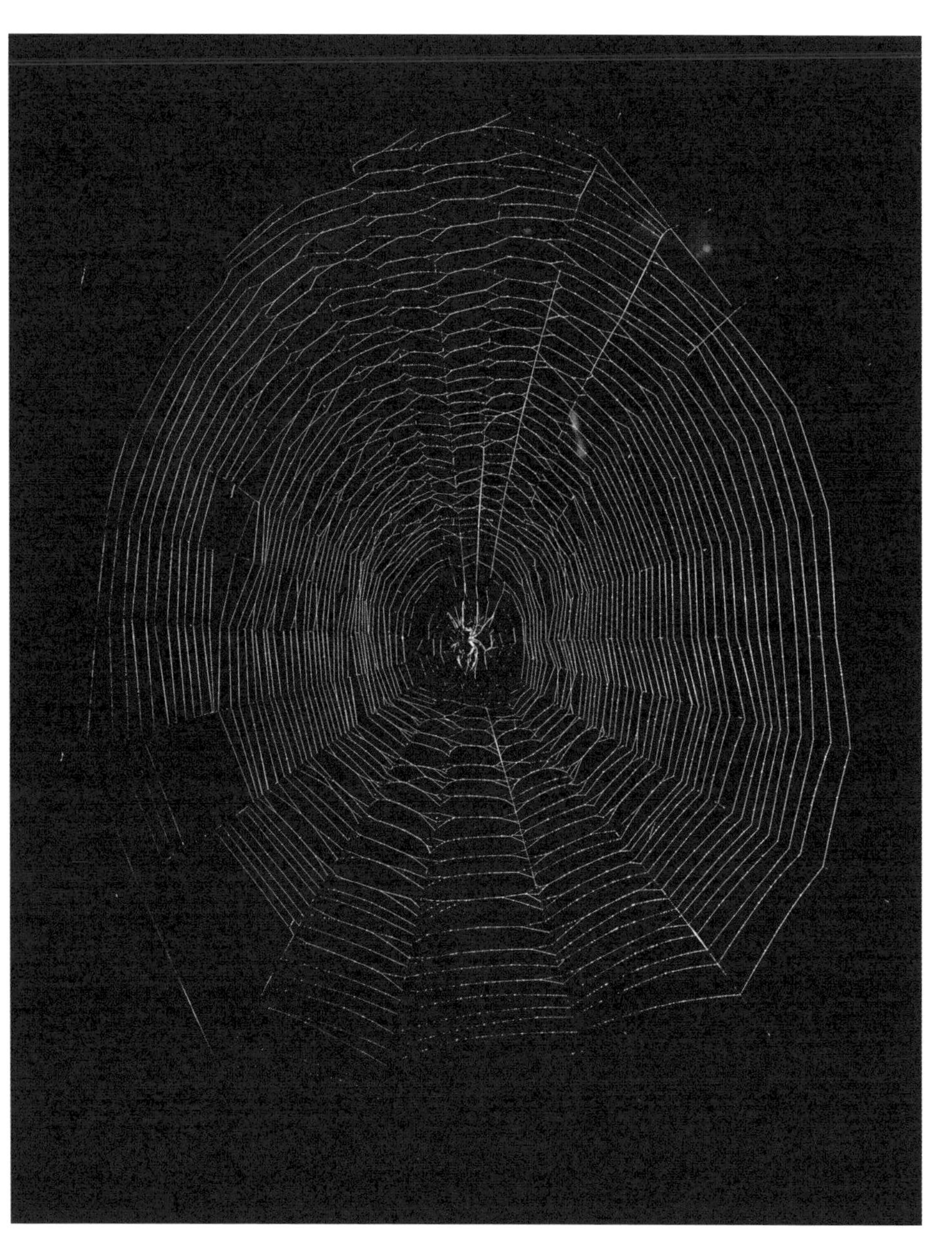

Trent Parke

 Australien, Newcastle. Spinnennetz an meinem Schlafzimmerfenster, 2010

Ausdauer

Gelegentlich will sich das Verspielte nicht so richtig einstellen und die Leichtigkeit fliegt davon. Schnell fühlen wir uns mutlos. Achtsamkeit kann uns helfen, mit der Frustration und den Zweifeln umzugehen, die mit unserem kreativen Agieren oft verbunden sind. Der Fotograf Teju Cole beschreibt in einem Artikel in der *New York Times*, wie er in einem sechsmonatigen Aufenthalt in der Schweiz lernte, seine Unsicherheit als Begleiter und nicht als Gegner zu empfinden und sie so auszuhalten. »Ich war dauerhaft von Zweifeln begleitet: Ich habe kein Talent, ich bin ein Betrüger, ich langweile andere. ... Hin und wieder machte ich ein großartiges Foto, aber eine Woche später stellte ich fest, dass es gar nicht so toll war: zu offensichtlich, zu abgeleitet. Dreitausend Fotos gleich dreitausend Zweifel.«

Die Eheleute Alex und Rebecca Norris Webb arbeiten häufig als kreatives Paar, beschreiben jedoch unterschiedliche Erfahrungen mit Ausdauer. »Eine der härtesten Lektionen, die ich im Verlauf der Jahre gelernt habe, ist, dass meine Arbeit intelligenter ist als ich«, erklärt Rebecca, auf deren poetischen Fotos häufig Motive zu sehen sind, die gleichzeitig offengelegt und kaschiert sind. »Ich denke zwar, dass ich weiß, woran ich arbeite. Aber die Arbeit versucht mir ganz leise und kontinuierlich zu sagen, worum es tatsächlich geht. Das ist meist komplizierter, widersprüchlicher und chaotischer, als ich denke, will oder es sehe. In diesem Moment fühle ich mich oft unwohl, verwirrt und frustriert. Aber mit der Zeit habe ich gelernt, dass ich damit wahrscheinlich auf dem richtigen Weg bin.«

Alex geht, wie er es beschreibt, hartnäckiger vor: »Straßenfotografie ist zu 99,9 Prozent mit Misserfolgen verbunden. Oft habe ich das Gefühl, die Straße lehnt mich ab. Doch manchmal gehe ich einfach weiter, schaue weiter und zwinge mich weiter. Und dann passiert doch etwas Interessantes. ... Das ist fast so, als müsste ich viele Stunden der Frustration und Misserfolge durchleben, um an den Ort zu gelangen, an dem ich ein einzigartiges Foto schießen kann.«

Der englische Dichter John Keats lobte 1817 in einem Brief an seine Brüder die menschliche Eigenschaft der »Negative Capability«, also der Fähigkeit, Unsicherheit, Geheimnisse und Zweifel zu akzeptieren, »ohne dass Sachverhalte aufgeklärt werden müssen«. Eine Fähigkeit, die wir durch achtsames Fotografieren trefflich üben können. Wir lernen, mit Hingabe und Disziplin an einer Sache dranzubleiben, nicht weil wir uns des Ergebnisses sicher sind, sondern weil wir uns mit der Unsicherheit aussöhnen und bedingungslose Freude an ehrlicher Anstrengung finden.

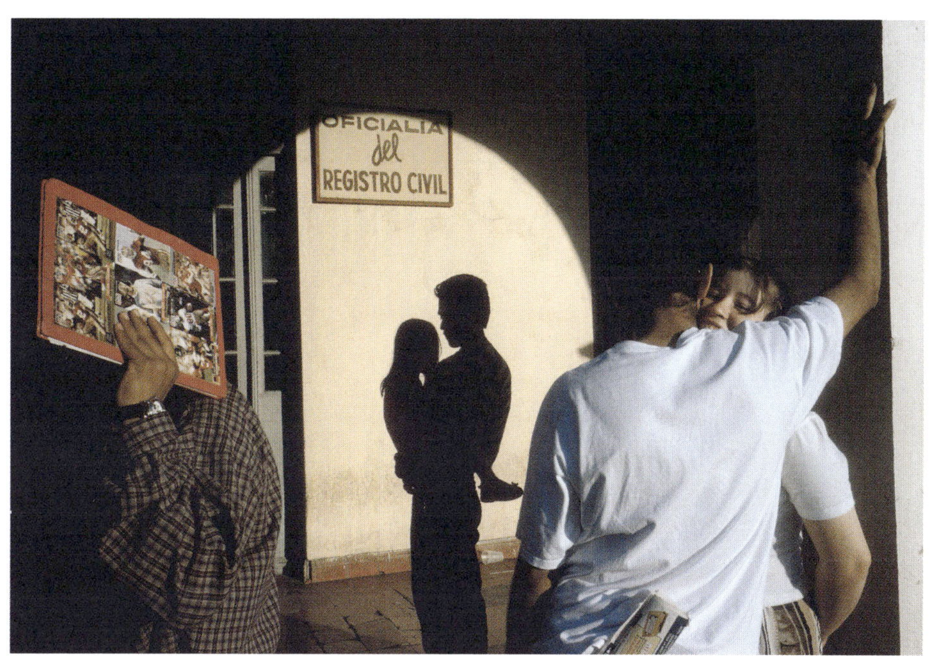

Alex Webb
MEXIKO. Nuevo Laredo, Tamaulipas, 1996

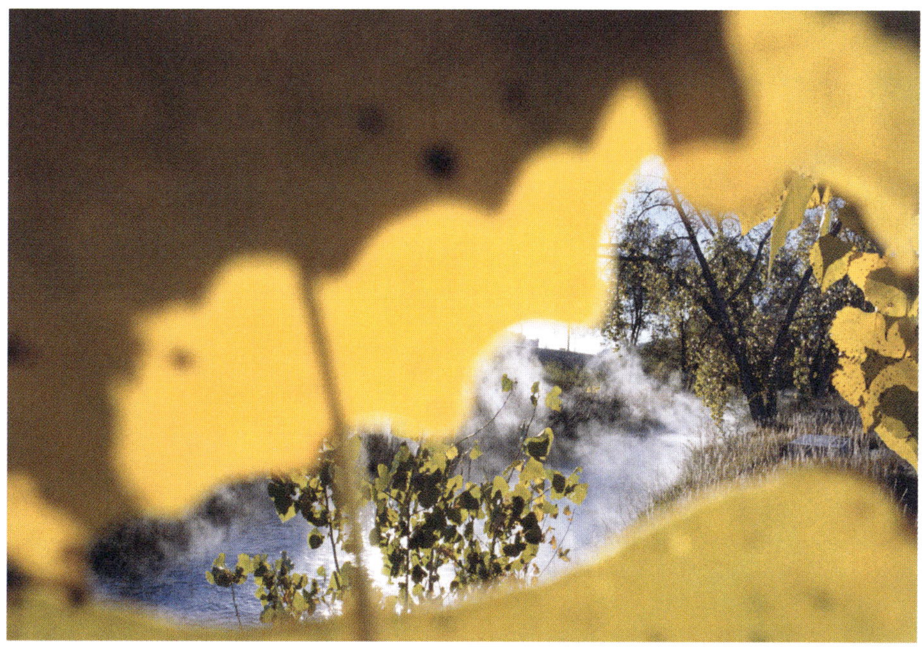

Rebecca Norris Webb
Heißer Frühling, Süddakota, 2006

ACHTSAMKEITSÜBUNG

Die Lücke schließen

Kreative Menschen empfinden häufig eine Lücke zwischen dem, was sie erschaffen, und dem, was sie erschaffen möchten. Der amerikanische Hörfunkproduzent Ira Glass beschreibt diese Lücke als schmerzhaft, doch fast allgegenwärtig. Einziger Ausweg ist die Ausdauer. »Alle kreativen Menschen, die ich kenne, durchlaufen eine jahrelange Phase, in der alle ihre Werke nicht so gut werden, wie sie es sich wünschen. Aber einen Trost habe ich: Jeder macht diese Erfahrung. Das Beste, was man tun kann, ist sehr, sehr viel arbeiten.«

Wenn Sie durch Achtsamkeit ein Mitgefühl für sich selbst entwickeln, können Sie diese Lücke langsam schließen. Mit der folgenden Übung lernen Sie, auf Ihren inneren Kritiker, aber auch auf die meist leisere Stimme des inneren Coaches zu hören.

1. Nehmen Sie den Moment wahr, in dem Sie Zweifel oder Ablehnung empfinden. Hören Sie Ihrem inneren Monolog in diesem Moment genau zu. Schreiben Sie den genauen Wortlaut des Monologs in Ihrem Kopf auf.

2. Überlegen Sie nun, wie Sie liebevoller mit sich umgehen und sich selbst mehr motivieren können. Lassen Sie sich nicht selbst fallen, sondern überlegen Sie, wie Sie sich weniger unterlegen fühlen können, selbst wenn es hart auf hart kommt. Schreiben Sie auf, was Sie in diesem Fall zu sich selbst sagen könnten: »Deine Idee ist großartig. Du musst nur dranbleiben«, »Du tust das Richtige, vertraue dir selbst«, »Du hast viel gearbeitet. Du solltest eine Pause machen, spazieren gehen und danach weitermachen.«

Ausdauer, Stärke und
Disziplin. Keine Schleichwege
und keine Wunderwaffe.

Steve McCurry

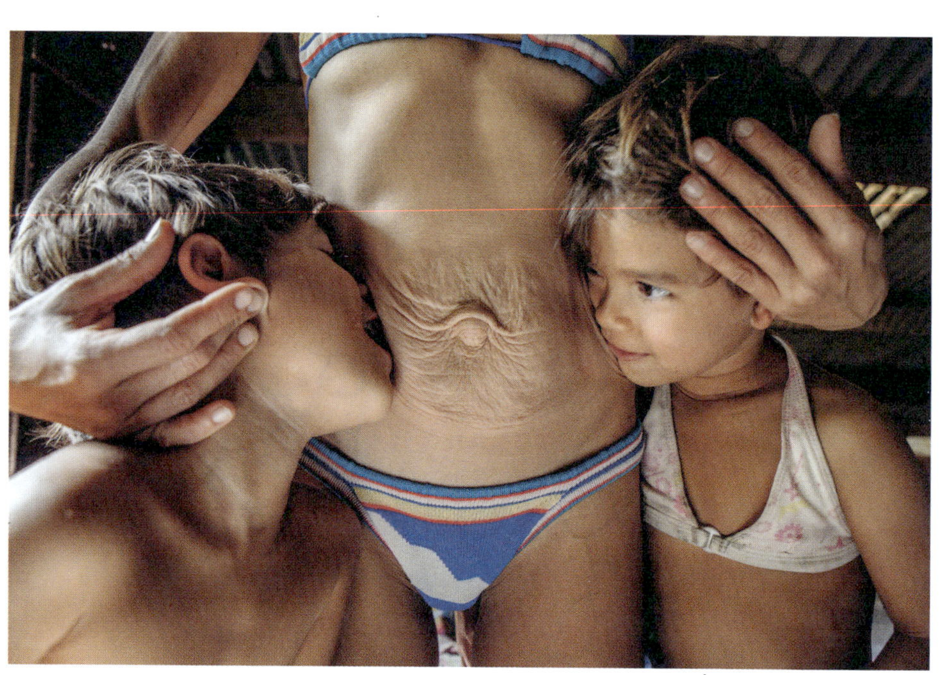

Leticia Valverdes
Paula, Maori und Madiha, aus der Serie *Muttermale* 2013

Mitgefühl

Mitgefühl wird häufig als »gemeinsames Leiden« verstanden und gilt als das höchste Ziel zahlreicher spiritueller Lehren. Auch durch Fotografie können Sie Ihr Mitgefühl pflegen, sich mit anderen Menschen verbinden und die Grenze zwischen sich und anderen aufheben.

Für die brasilianische Fotografin Leticia Valverdes ist Mitgefühl der Kompass, der die Richtung für alle ihre Projekte vorgibt. »Ich bin ein Mensch, der in andere Menschen verliebt ist«, erzählt sie. »Auch meinen Motiven gegenüber fühle ich mich verantwortlich. Ich versuche erst gar nicht, ›unsichtbar‹ zu bleiben. Denn aus meiner Sicht ist es nicht möglich, mit einer Kamera in das Leben einer Person zu treten, ohne ihre Realität auf die eine oder andere Weise zu verändern.« Valverdes begann ihre Serie *Muttermale/Marcas de Nascença* in Brasilien, wo mindestens ein Viertel aller Frauen von verbalen, emotionalen oder physischen Angriffen während der Geburt berichten. Später lebte sie mit ihrer Familie an unterschiedlichen Orten auf der Welt, wo sie ihr Projekt fortsetzte. Ihre Fotos dokumentieren die Veränderungen und Zeichen, die die Mutterschaft an Körper und Seele zurücklässt.

Mitgefühl ist auch im Leben des Dokumentarfotografen und Kämpfers für Behinderte Giles Duley ein dramatisches Leitmotiv. Er begann seine Karriere als Musikfotograf. Später konzentrierte er sich auf humanitäre Arbeiten und das Leben von Zivilisten, die von globalen Konflikten betroffen sind. 2011 trat Duley bei seiner Arbeit in Afghanistan auf eine Landmine und verlor beide Beine und seinen linken Arm. Es folgten Monate der Isolation und Rehabilitation, in denen er sich mehr denn je mit der Fotografie beschäftigte. »Jetzt hatte ich die gleiche Erfahrung gemacht, wie die Menschen, die ich fotografiere. Das war in gewisser Weise ein Alleinstellungsmerkmal für mich. Einerseits war ich ziemlich eingeschränkt, andererseits wollte ich das Geschenk nutzen, das mir dieser Unfall bereitet hatte: Empathie und Verbundenheit mit den Menschen«, reflektiert Duley seine Erfahrungen in einem Kurzfilm mit dem Titel *More Than An Image* (Mehr als ein Foto). 2012 kehrte er nach Afghanistan zurück und erlebte aufgrund seiner Verletzungen eine völlig neue Art der Solidarität und Verbundenheit mit den Menschen, die er fotografierte. Er gründete die Stiftung Legacy of War, eine Wohltätigkeitsorganisation, die die Auswirkungen von Kriegen auf Zivilisten aufzeigt und Einzelnen und Gruppen hilft, ihr Leben nach dem Trauma wieder aufzubauen. In einem Interview mit der Aktivistin und Schauspielerin Angelina Jolie beschrieb Duley seine Verbundenheit mit den Menschen, die er fotografiert: »Egal, wo ich hinkomme, haben die Menschen die gleichen Hoffnungen und Träume. Sie wünschen sich, dass ihre Familien sicher sind, ihre Kinder eine Ausbildung genießen und ihre Lieben gepflegt werden, wenn sie krank sind. Meine Kamera ist demokratisch: Sie beurteilt nicht, sie kennzeichnet nicht. Sie behandelt alle Menschen auf die gleiche Weise.«

Wenn dem Fotografen die Menschen vor der Kamera wichtig sind und er Mitgefühl mit ihnen empfindet, ist der größte Schritt getan. Nicht die Kamera ist das Instrument, sondern der Fotograf.

Eve Arnold

Ich interessiere mich für das
gemeinsame Menschsein,
für die Empathie für andere
und die Details im Leben,
die uns verbinden.

Giles Duley

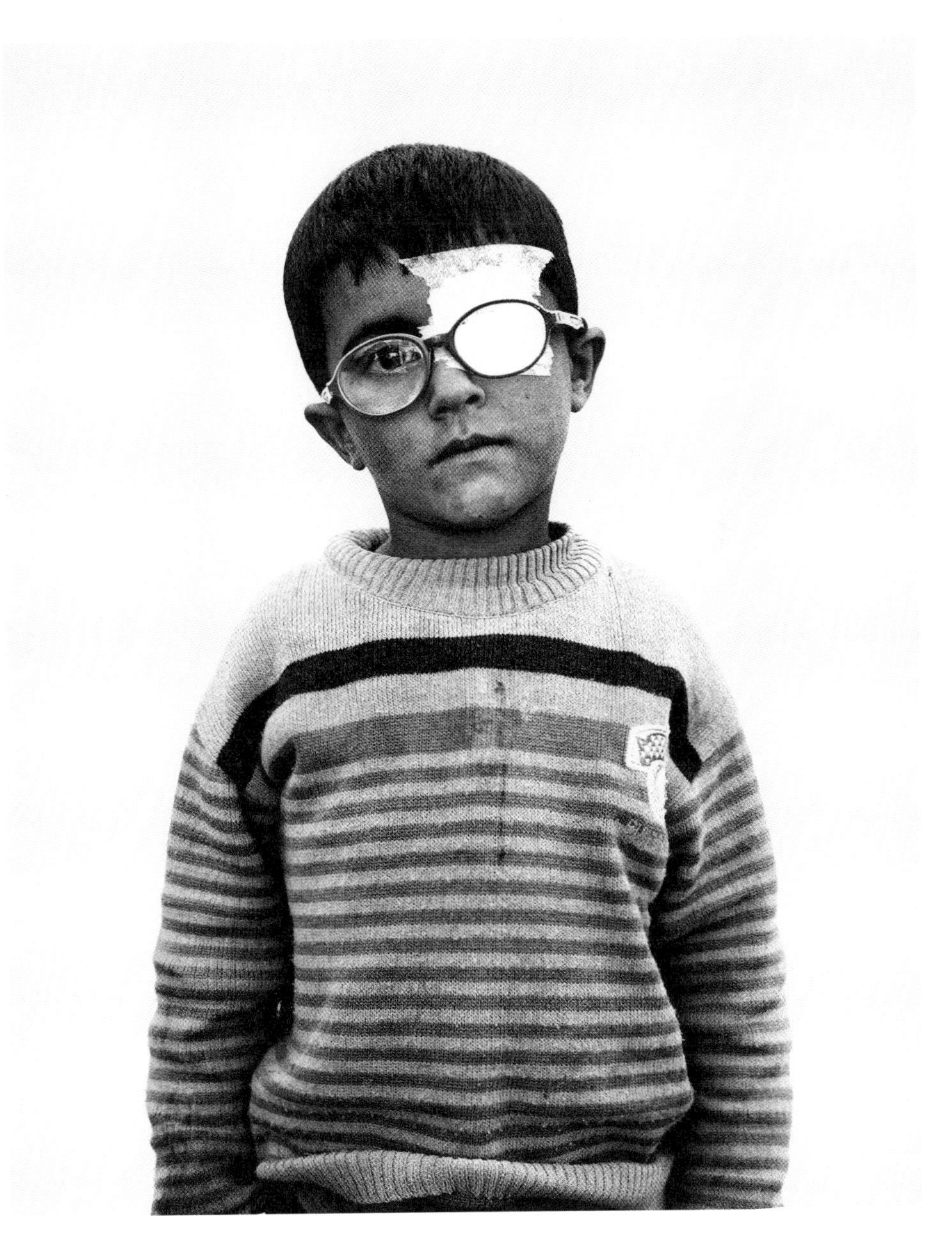

Giles Duley
Murad, 5 Jahre alt, aus Idlib – Bekaa Valley, Libanon, 2016

ACHTSAMKEITSÜBUNG

Die Kreise des Mitgefühls erweitern

Diese Übung baut auf der traditionellen Meditation der liebevollen Güte auf, die im Kapitel »Kulturelle Achtsamkeit« (Seite 50–51) vorgestellt wurde. Doch dieses Mal meditieren Sie mit der Kamera. Lassen Sie sich Zeit. Es kann Monate dauern, bis Sie den ersten Teil beherrschen und sich mit dem zweiten beschäftigen können. Sie haben keine Eile und müssen keinen Termin einhalten. Mitgefühl zu üben, ist eine lebenslange Aufgabe.

1. MITGEFÜHL FÜR SICH SELBST – Machen Sie ein Foto von sich selbst. Es soll Liebe und Güte ausdrücken. Nutzen Sie das Fotografieren sowie das Bearbeiten und Drucken des Bildes als Gelegenheit, sich selbst Frieden, Gesundheit und Glück zu wünschen. Widmen Sie sich dieser Aufgabe über einen bestimmten Zeitraum, vielleicht einen oder zwei Monate, täglich und nehmen Sie wahr, wie sich Ihre Einstellung zu sich selbst und anderen verändert. Sicher wird es Tage geben, an denen es Ihnen schwerfällt, sich mit Liebe zu betrachten. Stellen Sie sich diese Situation einfach so vor, als würden Sie den Muskel des Mitgefühls sehr hart trainieren.

2. MITGEFÜHL GEGENÜBER WICHTIGEN MENSCHEN – Machen Sie ein Foto von einer Person, die Sie mögen. Das Bild sollte Ihr Gefühl für diesen Menschen wiedergeben. Wünschen Sie dem Menschen beim Fotografieren Frieden, Gesundheit und Glück. Wiederholen Sie dies mehrere Wochen oder Monate lang jeden Tag und nehmen Sie wahr, wie sich Ihre Beziehung zu sich selbst, zu Ihrem Gegenüber und zu anderen verändert.

»Ich lebe mein Leben in wachsenden Ringen,
die sich über die Dinge ziehn.
Ich werde den letzten vielleicht nicht vollbringen,
aber versuchen will ich ihn.«

RAINER MARIA RILKE

3. MITGEFÜHL FÜR EINE NEUTRALE PERSON – Machen Sie ein Foto von einer Person, die Sie nicht sehr genau kennen. Versuchen Sie, ihre Stärken und ihre Schwächen einzufangen, und wünschen Sie ihr über die Kamera Frieden, Gesundheit und Glück.

4. MITGEFÜHL MIT EINER SCHWIERIGEN PERSON – Machen Sie ein Foto von einer Person, mit der Sie Schwierigkeiten haben. Es kann eine Person sein, die Sie kennen, oder ein Mitglied einer Gruppe. Lassen Sie sich nicht von Ihren Gefühlen gefangen nehmen, sondern dokumentieren Sie diese Person mit möglichst viel Mitgefühl. Stellen Sie sich auch hierbei Ihre Kamera als Instrument vor, das Frieden, Gesundheit und Glück verleiht.

5. MITGEFÜHL MIT ALLEN LEBEWESEN – Weiten Sie Ihr Mitgefühl auf alle Menschen in anderen Kulturen und Ländern aus, auf zukünftige Generationen sowie auf nicht menschliche Spezies. Stellen Sie sich vor, wie sich Ihr Mitgefühl über Grenzen ausdehnt und Wellen der Liebe, Güte und Hoffnung über unsere unruhige Welt schlagen. Welche Bilder nehmen Sie auf?

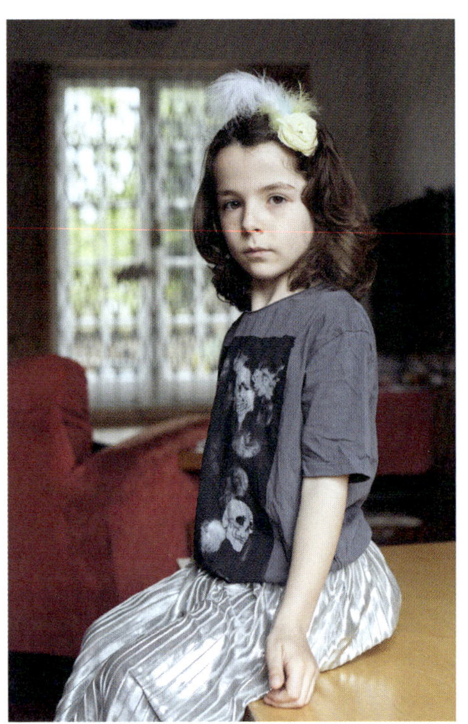

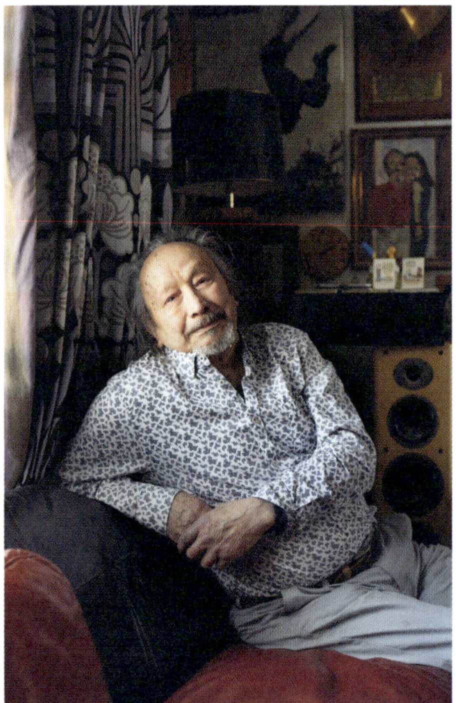

Jenny Lewis, aus *100 Jahren*, 2021
Links: *Jack 7*
Rechts: *Ron 93*

Ehrlichkeit

Wir alle klammern uns an Illusionen. Wir betrachten uns und die Welt durch bestimmte Glaubenssysteme – und die Algorithmen, die uns mit digitalen Informationen füttern, verstärken diese vernebelte Wahrnehmung noch weiter. Wahrheit ist vor allem in der Fotografie ein schwer fassbarer Begriff. Aber wenn Sie sich bemühen, die Dinge so zu betrachten, wie sie sind, können Sie Ihren Körper und Ihren Geist wunderbar als Übungsplatz verwenden.

Wie ehrlich sind Sie mit sich selbst, wenn Sie in den Spiegel schauen? Die meisten Menschen tendieren dazu, sich selbst kleiner oder größer zu machen; gelegentlich funktioniert sogar beides gleichzeitig. Gedanken wie »Ich bin hässlich« oder »Ich tauge zu nichts« oder vielleicht »Ich bin sexy« oder »Ich bin beeindruckend« kommen einem da in den Sinn. Unsere Wahrnehmung ist geprägt durch Kindheitserfahrungen und kulturelle Normen. Häufig kommen noch Selbstwahrnehmung und Selbstbeurteilung hinzu. Wer sich selbst fotografiert, versucht weniger ehrlich zu sein, als vielmehr ein bestimmtes Erscheinungsbild zu festigen.

»Wir haben Angst, uns selbst ins Gesicht zu schauen«, schrieb der tibetische Meditationsmeister Chögyam Trungpa. »Die Wahrnehmung der innersten Erfahrung ist für die meisten Menschen unangenehm. Viele suchen nach einem spirituellen Weg, auf dem sie sich nicht selbst wahrnehmen, aber sich immerhin selbst befreien können. … Aber das ist nicht richtig. Wir müssen ehrlich mit uns selbst sein. Wir müssen in unsere unliebsamen Ecken und in den ganzen Mist eintauchen. … Schauen Sie sich das an, arbeiten Sie damit und üben Sie, damit zu meditieren.«

John Coplans kam erst spät im Leben zur Fotografie. Zuvor war er Soldat, Dekorateur, Maler, Kunstkritiker, Museumsdirektor und Herausgeber einer Zeitschrift. Erst mit etwa 60 Jahren nahm er eine Serie entwaffnend ehrlicher Fotos seines nackten Körpers auf, die er als »nonverbale Beichte« bezeichnete. Über zwanzig Jahre lang untersuchte er fast jeden Zentimeter seines alternden Fleisches von den Fußsohlen bis zu den Handfalten. Coplans Arbeiten sind zugleich mutig, humorvoll, provokativ und zart. Die klassischen Kunsttraditionen bezeichnete er als »eine Menge Bullshit«; der gewöhnliche Körper war, wie sein eigener, ein »vernachlässigtes Thema« für ihn. Er fotografierte sich entblößt, ja schutzlos (ohne Kleidung) und kopflos (sein Kopf und sein Gesicht sind nie zu sehen). Seine Bilder zeigen kein Individuum und sind damit keine Selbstporträts im herkömmlichen Sinn, sondern experimentieren als ehrliche und offene Dokumente mit der Zerbrechlichkeit des Menschen.

Auch Jenny Lewis hat mit ihrem Projekt *100 Years* (100 Jahre) einen ehrlichen Blick auf das Altern geworfen. Sie erarbeitete eine Serie von Porträts und Interviews von 100 Menschen, die im Osten Londons wohnen und jeweils ein Lebensalter vertreten. Alle Bilder zusammen dokumentieren eine einfache, doch häufig unbequeme Wahrheit: Wir wachsen, werden vielleicht alt und sicher werden wir sterben. Aber die Interviews legen eine noch kompliziertere Geschichte offen: Wie wir altern, hängt von den Umständen, unserer Geisteshaltung, vom Glück und vom Schicksal ab. »Ich traf Kinder, die deutlich reifer und abgekämpfter waren als in ihrem Alter üblich. Und ich traf ältere Menschen, die vor Energie und Neugier nur so sprühten. Ich habe gelernt, dass Jugend kein Vorrecht junger Menschen ist, und der Tod nicht immer an die Tür alter Menschen klopft«, erklärt Lewis. »Außerdem habe ich gelernt, dass die Menschen, die ich fotografiere, mir ihr wahres Ich leichter offenbaren, wenn ich ein aufrichtiges und ehrliches Interesse an ihnen habe.«

Vollkommen ehrlich
zu sich selbst zu sein,
ist eine gute Übung.

Sigmund Freud

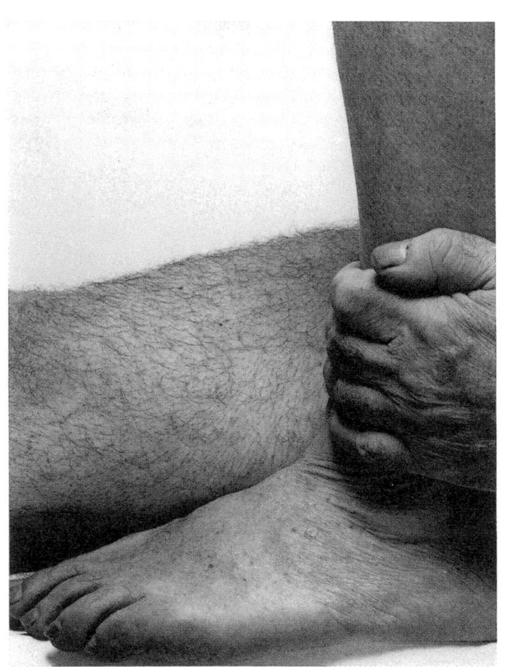
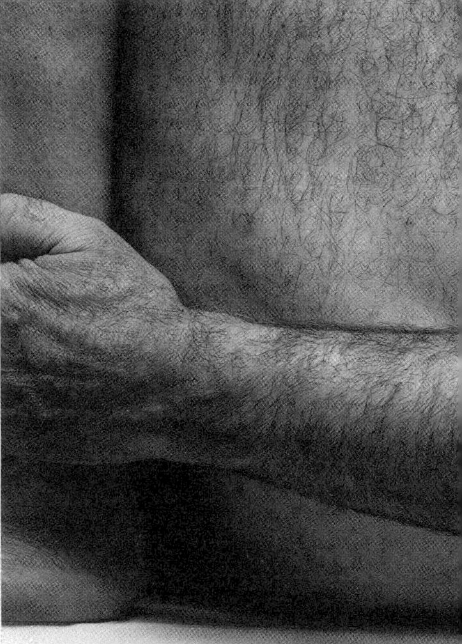

John Coplans

 Liegender Mensch, Beine haltend, 1990

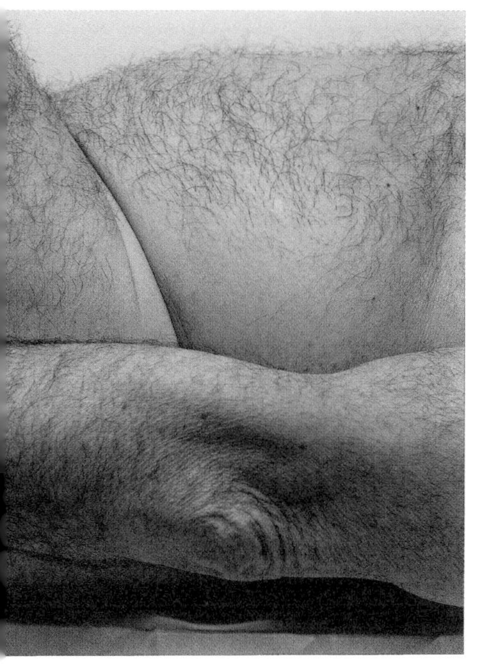

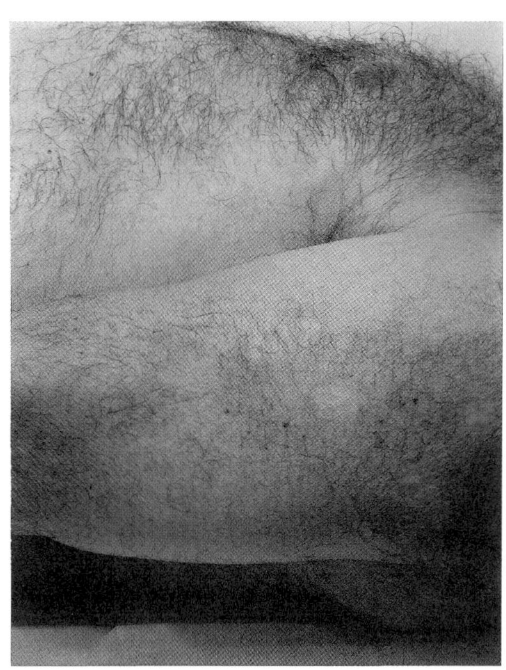

ACHTSAMKEITSÜBUNG

Körperreise für Fotografen

Bei einer Körperreise spüren Sie sich durch Ihren ganzen Körper. Dabei nehmen Sie wahr, wie sich jedes Körperteil anfühlt, versuchen aber nicht, das Gefühl zu verändern, abzuweisen oder darauf zu reagieren. Im Internet finden Sie Hunderte von Körperreise-Meditationen, die Sie sich anschauen sollten, bevor Sie die folgende Körperreise für Fotografen üben.

1. Finden Sie einen Platz, an dem Sie etwa 30 Minuten ungestört meditieren können. Nehmen Sie Ihre Kamera zur Hand und bewegen Sie sie fotografierend auf unterschiedliche Weise rund um Ihren Körper – durch die Hände, um den Rücken herum, unter den Beinen hindurch. Erkunden Sie die Formen und Oberflächen Ihrer Haut und Gliedmaßen. Sie sollten den Timer oder die Serienbildfunktion verwenden, um die Bildaufnahmen zu automatisieren. Wenn Sie sich damit wohlfühlen, können Sie nackt sein. Es ist aber nicht unbedingt erforderlich.

2. Welcher Körperbereich zieht Sie an und bei welchem spüren Sie Widerstand? Konzentrieren Sie sich darauf, wie sich die Körperteile anfühlen, und nicht darauf, wie sie aussehen. Wie fühlen sich Ihre Fußsohlen an? Spüren Sie Aktivität in Ihrem Darm? Spüren Sie, wie Ihr Herz schlägt? Gibt es Körperteile, die müde sind, schmerzen, prickeln, stechen oder erregt sind? Seien Sie offen für alle Empfindungen in jedem Bereich.

»Entspanne deinen Körper und lasse dein Herz weich werden für alle Empfindungen – ganz ohne Kampf.«

JACK KORNFIELD

3. Seien Sie dankbar für jeden Körperteil, auf den Sie sich konzentrieren, und überlegen Sie, welche besondere Rolle er für die Funktion des ganzen Körpers spielt. Weiten Sie Ihr Mitgefühl auf alle Stellen auf, an denen Sie Schmerz oder schwierige Gefühle empfinden. Wenn Sie sich an einer bestimmten Stelle nicht aufhalten können, verschieben Sie Ihren Fokus sanft auf eine andere Stelle. Absolvieren Sie diese Übung so friedlich wie möglich.

4. Ist die Zeit abgelaufen, sollten Sie eine Hand auf Ihr Herz legen und zum Beispiel »Möge dieser Körper sicher und wohlbehalten sein« sagen.

5. Wenn Sie sich die Bilder später anschauen, löschen Sie keines, mit dem Sie nicht zufrieden sind. Nehmen Sie jedoch alle starken Reaktionen, vor allem Aggressionen gegen sich selbst, wahr und versuchen Sie wieder zu einer liebevollen Güte zurückzukehren. Suchen Sie nicht nach dem perfekten Foto, sondern nach Ehrlichkeit, Akzeptanz und Mitgefühl.

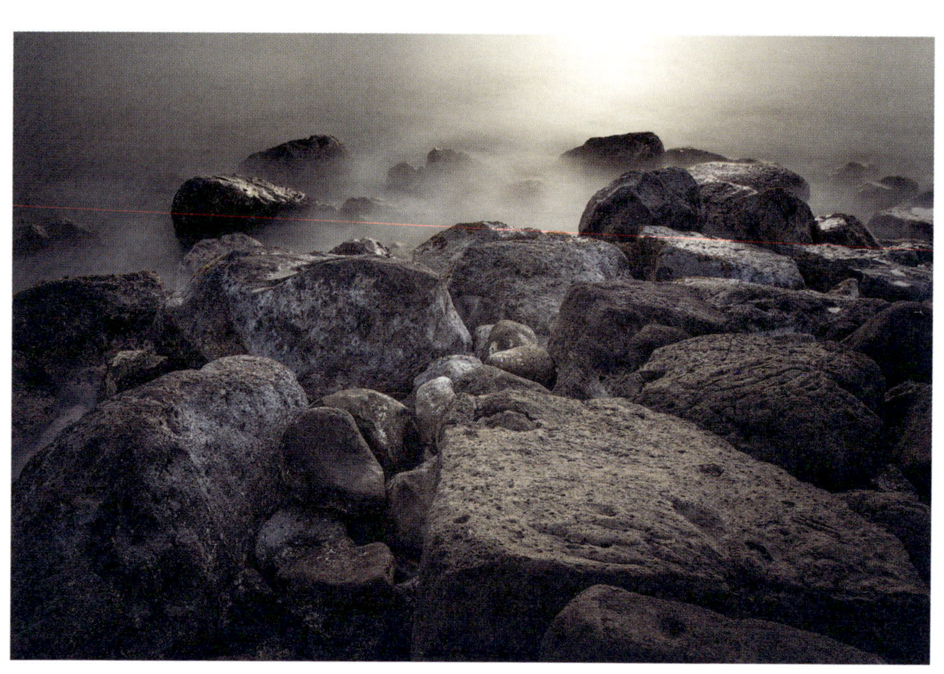

David Ulrich
See-Mauer, Magic Island, Honolulu, Hawaii, 2018

Akzeptanz

Wer sich mit der Kamera als Verbündete in Achtsamkeit übt, stößt unweigerlich auf Hindernisse. Einige lassen sich leicht überwinden, wie zum Beispiel ein negativer Kommentar oder eine verpasste Gelegenheit. Doch früher oder später werden die meisten vor größeren Herausforderungen stehen. Als achtsame Fotografin lernen Sie, Widrigkeiten im spirituellen Training zu akzeptieren oder sogar willkommen zu heißen. »Es gibt immer einen Weg, aus Widerständen zu lernen«, schreibt Jon Kabat-Zinn, »sie und alle ihre Begleiter zu nehmen, wie sie sind. ... Sie werden Ihre Entwicklung prägen und Sie reifen lassen.«

Zu den größten Schicksalsschlägen, die einen Fotografen ereilen können, gehört der Verlust der Sehkraft. David Ulrich war etwa 30 Jahre, als er durch einen Unfall fast erblindete. Er beschreibt die spirituelle Erweckung, die er dabei erlebte: »Dieser Schlag hat mein Bewusstsein geschärft. Ich habe ein Auge verloren und musste neu sehen lernen. Dazu musste ich meine Wahrnehmungsfähigkeit neu ausweiten und entwickeln. Dabei habe ich sehr viel über die Funktion und den Prozess des Sehens gelernt. Doch vor allem habe ich gelernt, dass Sehen keine Selbstverständlichkeit ist. Ein langer Lernprozess, der bis heute noch nicht abgeschlossen ist. Die Erfahrung war so traumatisch und schmerzlich, wie ich es noch nie erlebt hatte. Aber gleichzeitig ist sie ein großes Privileg.«

Heute beschreibt sich Ulrich als kreative Leitfigur. Er veröffentlicht Bücher, die zeigen, wie wir mithilfe von Fotografie die Herausforderungen des Lebens konfrontieren und an ihnen wachsen können. In seinem Buch *The Widening Stream* (Die sich ausweitende Strom) lädt er den Leser ein, zu überlegen, wie Widrigkeiten und Akzeptanz zum Türöffner für Kreativität und Großzügigkeit werden können. »Wie können wir unsere tiefsten Ängste, nicht verheilten Wunden und hartnäckigen Problemen nutzen? Was lernen wir daraus? Haben Sie sich vielleicht schon einmal aufgrund einer Herausforderung verändert und sind daran gewachsen? … Kann der Heilungsprozess zu einer Quelle des kreativen Ausdrucks werden? Können andere aus Ihren Erfahrungen und der daraus entstandenen Kreativität lernen und sich inspirieren lassen?«

Für seine intimen und ergreifenden Bilder fotografiert der Fotograf John Dugdale sich selbst und Gegenstände in seinem Haus in der Fototechnik des 19. Jahrhunderts. Die Ruhe und Gelassenheit seiner Arbeiten sind das Ergebnis eines langen post-traumatischen Wachstums. Dugdale lebte als Modefotograf auf der Überholspur, als er mit 33 Jahren durch einen von HIV verursachten Schlaganfall vorübergehend halbseitig gelähmt und fast erblindet war. »Das Blatt wendete sich um 360 Grad. Meine kommerzielle Karriere war aus, aber ich empfand eine große Freiheit. In meinem Berufsleben hatte ich nie etwas gefühlt, das direkt aus meinem Herzen kam. Nun beschäftigte ich mich im Studio mit meiner 8×10-Kamera und begann, – mithilfe meiner Familie und meiner Freunde – eine Methode zu entwickeln, die meine Fotografie heute definiert.«

Mehr als zwanzig Jahre nach dem Schlaganfall reflektierte Dugdale seine Erfahrungen für das Archives of American Art: »Nichts hätte anders sein sollen. Nicht AIDS und keiner der erschreckenden, schmerzlichen Momente. … Ich bin HIV-positiv und das hat mich zum Künstler gemacht. Und als ich blind war, habe ich das gesagt, was ich der Welt in dieser kurzen Zeit sagen musste. … Die Erfahrung war wie ein Sprungbrett zu einer höheren Bewusstseinsebene.«

Die Grenze unserer Akzeptanz ist die Grenze unserer Freiheit.

Tara Brach

ACHTSAMKEITSÜBUNG

Unliebsame Erfahrungen willkommen heißen

Wir alle möchten Leid vermeiden. Aber das Sprichwort »Was uns nicht umbringt, macht uns stärke« hat schon seine Berechtigung. Durch Achtsamkeit können wir lernen, Schwierigkeiten neugierig und mitfühlend entgegenzugehen und dadurch frei zu werden.

1. Stellen Sie sich eine Situation oder eine Person in Ihrem Leben oder in Ihrer Tätigkeit als Fotografin vor, mit der Sie derzeit Schwierigkeiten haben – eine anspruchsvolle Aufgabe, beruflicher Neid, dauerhafter Unmut oder das Gefühl persönlichen Versagens.

2. Beobachten Sie, welche körperlichen Empfindungen diese Schwierigkeiten auslösen. An welcher Stelle im Körper treten sie auf? Fühlen sie sich fest, hart, fließend, flüssig, endlich oder unendlich an?

3. Überlegen Sie, warum Sie verärgert, verletzt oder erschöpft sind. Seien Sie aufmerksam, aber beurteilen Sie sich nicht selbst und auch keine andere Person. Vielleicht sehnen Sie sich nach mehr Akzeptanz, Zusammenarbeit, Vertrauen, Nähe, Unterstützung, Respekt oder Zeit? Wertschätzen Sie diese menschlichen Bedürfnisse und akzeptieren Sie, dass sie Schmerz empfinden, weil sie nicht erfüllt werden.

»Lege dich auf die scharfen Spitzen und spüre sie ganz bewusst.«

PEMA CHÖDRÖN

4. Nun überlegen Sie, welche Möglichkeiten aus dem Schmerz erwachsen, den Sie empfinden. Vielleicht lädt er Sie ein, mehr Mitgefühl für sich selbst oder für eine andere Person zu entwickeln? Vielleicht entdecken Sie Seiten an sich selbst, die Sie noch nicht kannten. Vielleicht können Sie die Gedanken auch einfach ziehen lassen, selbst wenn sie daran leiden.

5. Erinnern Sie sich daran, dass Dankbarkeit immer ein möglicher Weg ist. Sie leitet sie sanft durch den dichten Dschungel der Probleme und beruhigt Ihren Geist. Vielleicht können Sie einfach dankbar dafür sein, dass Sie an dieser Herausforderung wachsen werden.

6. Bedanken Sie sich bei sich selbst für Ihren Mut, sich dem Problem mit achtsamer Neugier zu stellen.

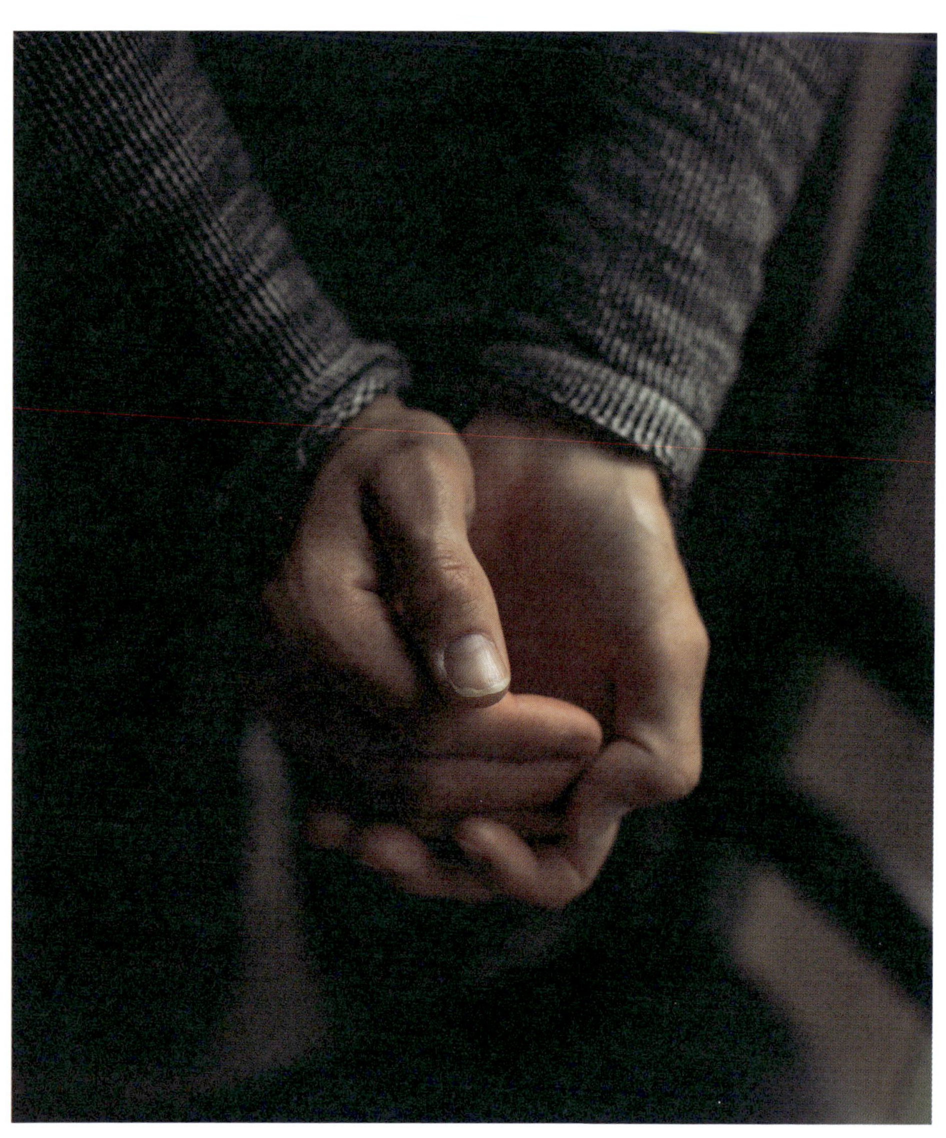

Natasha Lythgoe
Furchtlose Großzügigkeit, Mai 2018

Großzügigkeit

Wenden Sie sich ab von ichbezogenen Tätigkeiten und konzentrieren Sie Ihre Ressourcen auf andere. Für Fotografen gibt es viele Möglichkeiten, großzügig zu sein: Teilen Sie Ihre Geschichten, ändern Sie Ihre Perspektive oder ermutigen Sie andere. Im Herzen all dieser Handlungen liegt das Geschenk unserer Aufmerksamkeit. Mithilfe von Achtsamkeit lässt sich verlorene Aufmerksamkeit wiederfinden und auf das lenken, was Sie beobachten. Damit werden Sie sich selbst und Ihre Motive auf neue Weise wahrnehmen.

Wie leicht entwickelt man diese Einstellung: Alle Ressourcen sind endlich, und wenn ich sie teile, habe ich nur die Hälfte. Aber echte Großzügigkeit ist kein Nullsummenspiel, es gibt keinen Geber und keinen Nehmer, keinen Gewinner oder Verlierer. Vielmehr lässt sie uns die Fülle und den Reichtum unserer Ressourcen bemerken. Damit schwenkt unser Blick auf die erneuerbaren Ressourcen, die wachsen, je mehr wir sie weitergeben – Aufmerksamkeit, Freundlichkeit und Kreativität, um nur einige zu nennen. Wer mithilfe der Kamera versucht, großzügig zu sein, öffnet sein Herz und wird am Ende mehr bekommen, als er gegeben haben.

Der Kriminologe und Fotograf Howard Zehr ist der Vorreiter der opferorientierten Justiz. Bei diesem Heilungsverfahren wird die mitfühlende Kommunikation zwischen Täter und Opfer gefördert. Mithilfe seiner Kamera hat Zehr der Wahrnehmung beider Gruppen die Härte genommen und für sich selbst eine meditative und spirituelle Disziplin entwickelt. »Wer nach Gerechtigkeit und Frieden sucht, ist häufig so in seine Vorstellungen verstrickt, dass er die Welt um sich herum nicht mehr ausreichend reflektiert und wertschätzt. ... Wir müssen unser visuelles Bewusstsein und unsere Aufnahmefähigkeit stärken und die Umstände und Menschen ganzheitlich betrachten. Nur so gewinnen wir neue Einsichten und können uns selbst erneuern«, schreibt er in seinem Buch *The Little Book of Contemplative Photography* (Das kleine Buch der kontemplativen Fotografie). Eines seiner Bücher, *Doing Life* (Das Leben leben), vereint Porträts von und Interviews mit Menschen mit lebenslanger Haftstrafe, ein weiteres, *Transcending* (Transzendenz), stellt Porträts von und Interviews mit Opfern krimineller Taten dar. »Ich wollte ... die menschliche Seite der Menschen zeigen, die ich interviewe und fotografiere. Wir sollen sie sehen und ihnen zuhören, ohne uns durch Stereotype ablenken zu lassen«, erläuterte er seiner Interviewpartnerin Brunilda Pali. »Wir sind alle viel mehr als das Schlimmste, was wir getan oder erfahren haben.«

Natasha Lythgoe ist Fotografin und geweihte Buddhisten-Lehrerin. Sie interessiert sich für Wirtschaftssysteme, die auf Reichtum statt auf Verknappung basieren. Mit Ihrem Projekt *The Art of Re-Wilding* (Die Kunst, die Wildnis neu zu entdecken) hilft sie Menschen, eine neue Verbindung zur Natur und ihrer eigenen Kreativität aufzubauen – zum Dienst an allen Arten, die auf der Erde leben. Zu Beginn der COVID-19-Pandemie bot sie alle Ihre Kurse auf der Basis freiwilliger Spenden an (oder *dana*, dem Sanskrit-Wort für Geschenk oder Gabe). »Großzügigkeit führt uns über die Idee des Egos hinaus und bildet ein grundlegendes Ethos im Herzen der Gemeinschaft«, erläutert sie. »Eine *dana*-Wirtschaft gründet daher auf Großzügigkeit und lebensbejahender Gemeinschaft. Ich möchte kein Konsumverhalten und keinen Kapitalismus leben, sondern eine Kultur des Teilens fördern. Das, was ich anbiete, soll für alle verfügbar sein, unabhängig von ihrer finanziellen Situation.«

Aufmerksamkeit ist die
seltenste und reinste Form
der Großzügigkeit.

Simone Weil

ACHTSAMKEITSÜBUNG

Was kannst du geben?

In dieser Übung lernen Sie unterschiedliche Wege kennen, wie Sie als Fotograf großzügig sein können. So können Sie anderen Zeit, Ermutigung, Erfahrung, Verbindungen, Ideen, Bilder, Drucke und sogar Geld schenken.

1. Nehmen Sie ein großes Blatt Papier und schreiben Sie eine Stunde lang ohne Unterbrechung auf, was Ihnen zu dieser Frage einfällt: »Wie kann ich als Fotografin oder Fotograf großzügig zu mir selbst und anderen sein?« Ziel dieses Brainstormings ist es, sehr viele Ideen zu sammeln. Dabei hat Menge Vorrang vor Qualität. Greifen Sie jeden Gedanken auf, der Ihnen in den Kopf kommt. Lassen Sie sich von einer Idee zur nächsten leiten und schreiben Sie alles auf. Keine Idee ist zu unwichtig oder zu ambitioniert. Schieben Sie Urteile beiseite, damit sich Ihr kreativer Geist öffnet.

2. Durchstöbern Sie eine Zeit lang das Internet, lassen Sie sich von Bloggern, Podcastern, Lehrern, Veranstaltern, Gründern von Wohltätigkeitsorganisationen, Unternehmern und anderen inspirieren, die ihre Zeit, ihre Fähigkeiten, ihre Leidenschaft, ihre Ideen oder ihre Bilder großzügig und fantasievoll teilen. Wer inspiriert Sie? Auf wen sind Sie neidisch? Dies ist ein wichtiges Gefühl, denn es könnte zeigen, was Sie gern tun würden.

»Tief innen drin gibt es keinen Geber, keine Gabe und keinen Empfänger, … sondern nur das Universum, das sich selbst neu organisiert.«

JON KABAT-ZINN

3. Schauen Sie sich in der folgenden Woche wieder die Ergebnisse Ihres Brainstormings an und überlegen Sie, welche Ideen sich immer noch spannend für Sie anhören. Streichen Sie nichts durch, aber malen Sie einen Kreis um die Punkte, die Ihren Enthusiasmus entfachen. Analysieren Sie nicht zu viel, denn damit könnten Sie die ersten Regungen eines hervorragenden Plans zerstören. Lassen Sie Ihre Ideen einfach »köcheln«, aber »zerkochen« Sie sie nicht. Seien Sie mutig und geben Sie neuen Möglichkeiten eine Chance. Sehen Sie jede Idee als ein Experiment an. Wenn Angst, ein niedriges Selbstwertgefühl oder Enge sie befällt, lenken Sie Ihre Aufmerksamkeit auf die Ressourcen, die in Fülle vorhanden und erneuerbar sind.

Sie sollten diese Übung regelmäßig im Abstand einiger Monate durchführen, vielleicht sogar mit anderen zusammen. Viele Köpfe, die sich gegenseitig befeuern, können Ideen entwickeln, die ein Einziger nicht findet. Zudem ist die Gemeinschaft nützlich, wenn Sie sich gelegentlich allzu sehr mit Ihren eigenen Sorgen beschäftigen. Der englische Kunstkritiker und Sozialphilosoph des 19. Jahrhunderts, John Ruskin, bemerkte ironisch: »Jemand, der sich selbst einwickelt, wird zu einem recht kleinen Paket.«

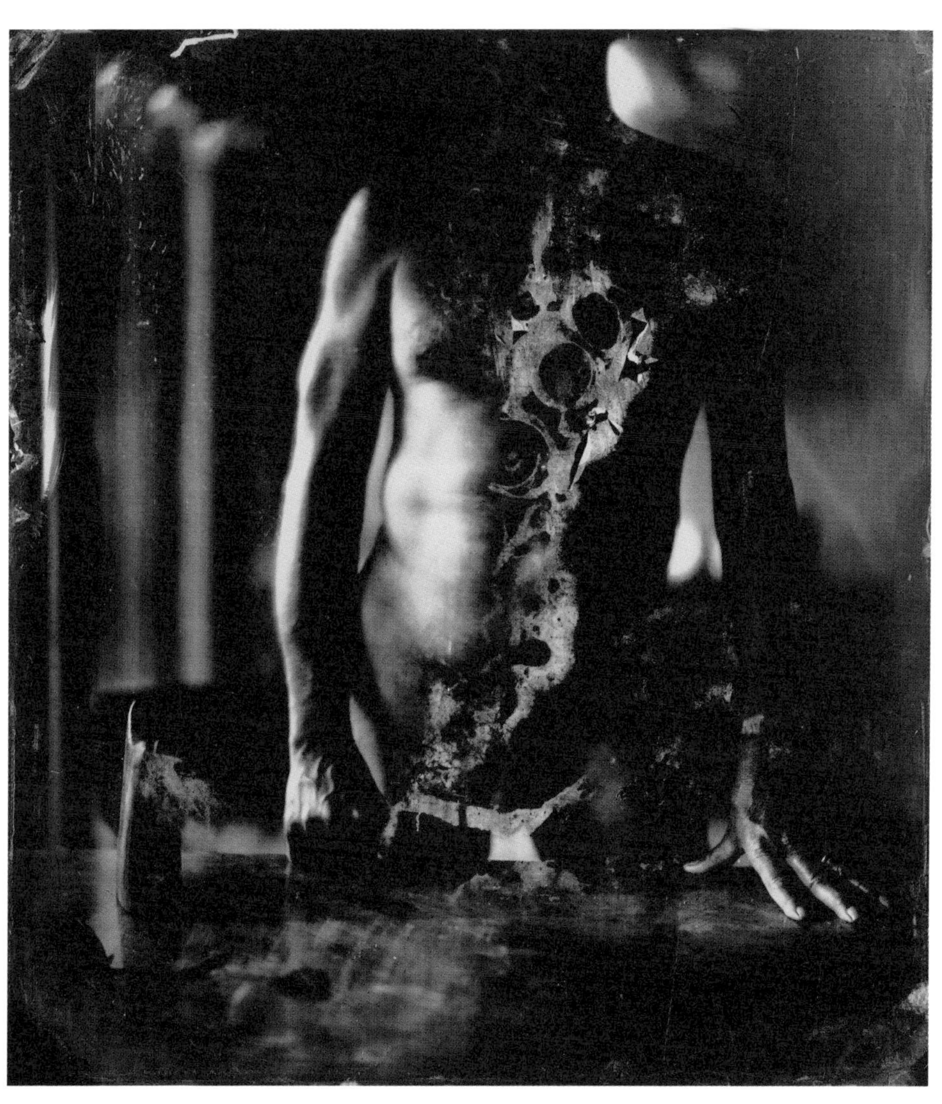

Sally Mann
Hephaistus, 2008

Vergänglichkeit

Die achtsame Begegnung mit dem Tod ist eine wichtige Übung in zahlreichen philosophischen und spirituellen Lehren. Wer sich darüber im Klaren ist, dass er sterben muss, erkennt in der Regel deutlicher seinen Daseinszweck und ist dankbarer für das Leben. »Ich akzeptiere, dass ich sterblich bin. Damit entwickele ich keine Todessehnsucht, sondern es macht mein Leben reicher. Ich bin motivierter, präsenter und wacher«, erklärt der Fotograf David DuChemin. »Jeder von uns hat ein Verfallsdatum. Wahrscheinlich wurde es auf unseren Rücken gedruckt, damit wir es – egal wie wir uns drehen und wenden – nicht sehen. Diese Unsicherheit sorgt dafür, dass wir ehrlich bleiben. ... Der Augenblick ist alles, was wir haben. Ist das nicht der beste Grund, achtsamer zu sein und den kleinen Erfahrungen, aus denen das Leben besteht, mehr Aufmerksamkeit zu schenken?«

Die Fotografin Sally Mann hat sich zwanzig Jahre lang mit der Vergänglichkeit beschäftigt. Erfahrungen mit Krankheit und Tod in der eigenen Familie haben ihr Schaffen beeinflusst. Darüber hinaus setzt sie sich kontinuierlich mit rassistischen Todesfällen im Süden der USA auseinander.

»Ich sehe die Schönheit und die dunkle Seite der Dinge«, schreibt sie in ihren Memoiren *Hold Still* (Stillhalten). »Die Japaner bezeichnen diese doppelte Wahrnehmung mit ›Empathie gegenüber der Vergänglichkeit‹. Das besagt, dass ›Schönheit eng mit Traurigkeit verbunden ist‹. Ohne den fauligen Duft von Verfall ist also keine wahre Schönheit möglich. Für mich sind Leben und Sterben dasselbe, so wie Lieben und Verlieren zusammengehören. Deshalb bin ich aber nicht von Grund auf traurig. Ich bin davon überzeugt, dass ich mit dieser Einstellung besser lebe, besser liebe und vielleicht sogar besser wahrnehme.«

What Remains (Was bleibt), Sarker Proticks sanfte, fast ätherische Dokumentation der letzten Lebensmonate seiner Großeltern ist eine fantastische visuelle Meditation zur Vergänglichkeit des Lebens. Zunächst beabsichtigte Protick mit seinem Projekt, einfach nur mehr Zeit mit seinen Großeltern John und Prova zu verbringen, als sie aufgrund ihres schlechten Gesundheitszustandes ans Haus gebunden waren. Er verwendete eine Großformatkamera, mit der er langsame, vorsichtige Bilder mit langen Belichtungszeiten aufnahm, die so in ein geisterhaft weißes Licht gehüllt wurden. »Diese reduzierte, jenseitige Ästhetik schien mir genau die richtige visuelle Sprache für eine Geschichte über die Vergänglichkeit des Lebens. Immer habe ich die Haare meiner Großmutter bewundert. Sie hatte so schönes, schwarzes Haar. Dann habe ich beobachtet, wie es grau und später fast weiß wurde. Das Ausbleichen des Lebens ist das Schlüsselthema dieser Fotos.«

Das wichtigste Foto der Serie zeigt John und Prova, die auf dem Bett sitzen und sich in den Armen halten. »Es ist das letzte Foto, dass ich von beiden gemeinsam aufgenommen habe. Nach dem Tod von Prova bat mich John, eine Kopie dieses Fotos in seiner Wohnung aufzuhängen.« Ein Jahr lang fotografierte Protick John dann nicht mehr. »In dieser Zeit besuchte ich ihn fast täglich. Es war wichtig, einfach bei ihm zu sein. Das hat auch mein Leben verlangsamt und ich begann über die Sterblichkeit nachzudenken. Manchmal hält man durch das Fotografieren viel mehr in der Hand als nur ein Foto.«

Vergänglichkeit, gelegentliche
Verzweiflung und Muße in
lockerer Verbindung suchen
mich mit ihren Anforderungen
heim und ich suche in der Tiefe
nach spirituellen Quellen, die
mich wiederbeleben.

Sally Mann

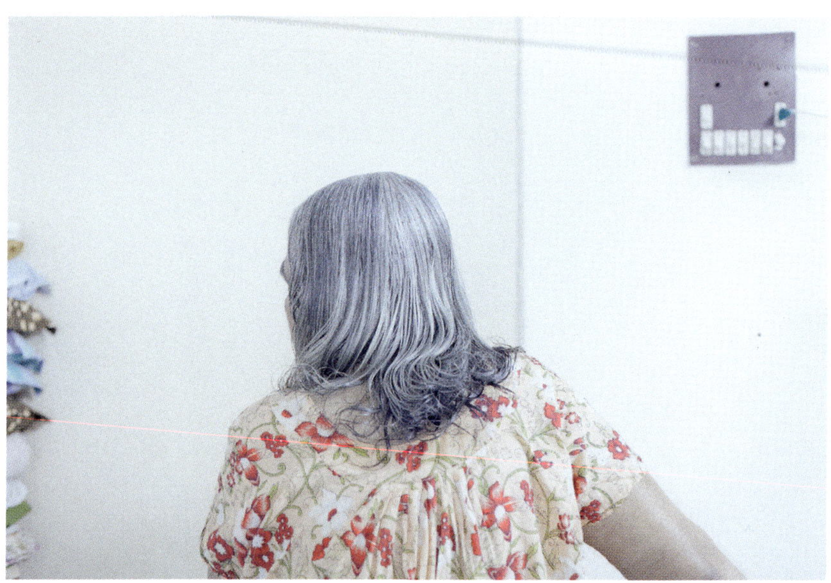

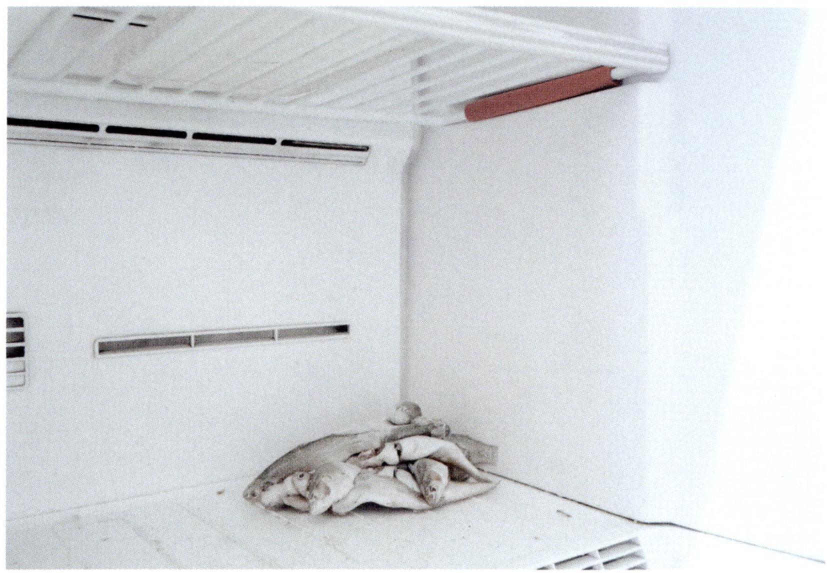

Sarker Protick
Was bleibt, 2012–2016

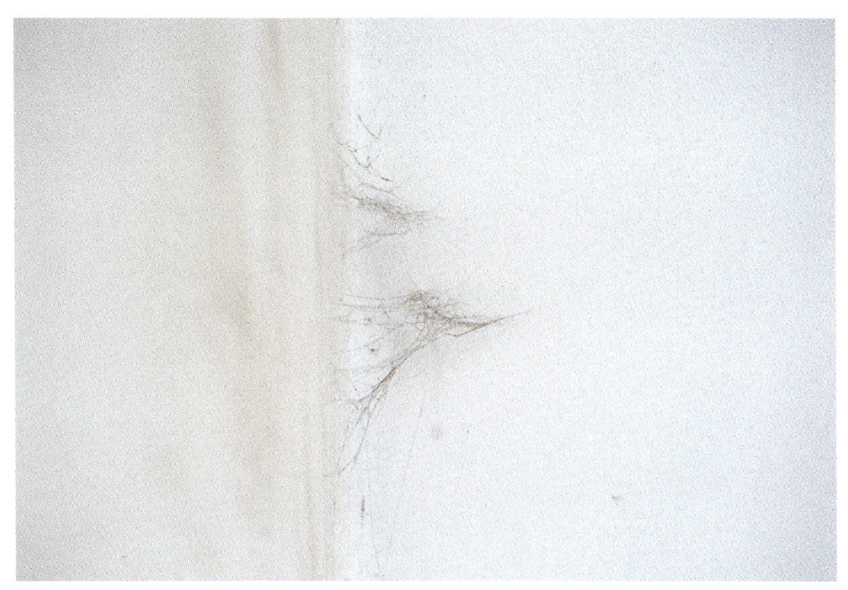

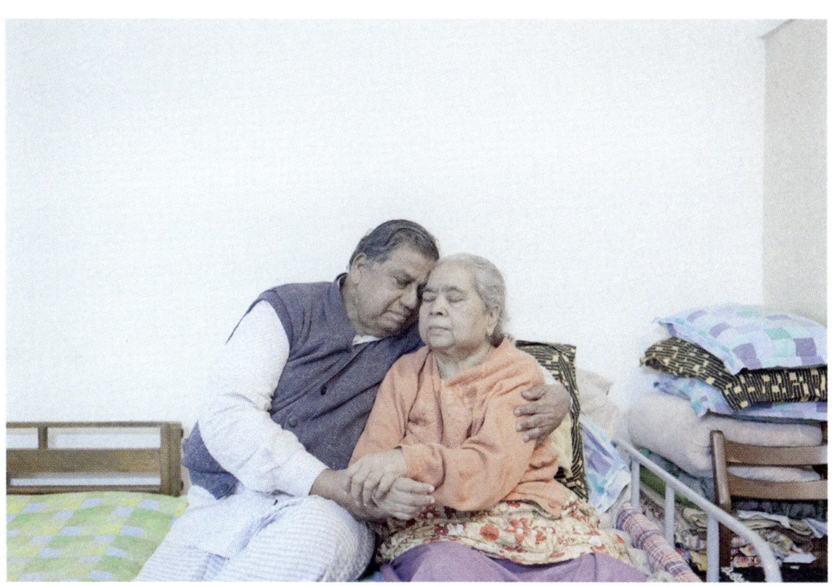

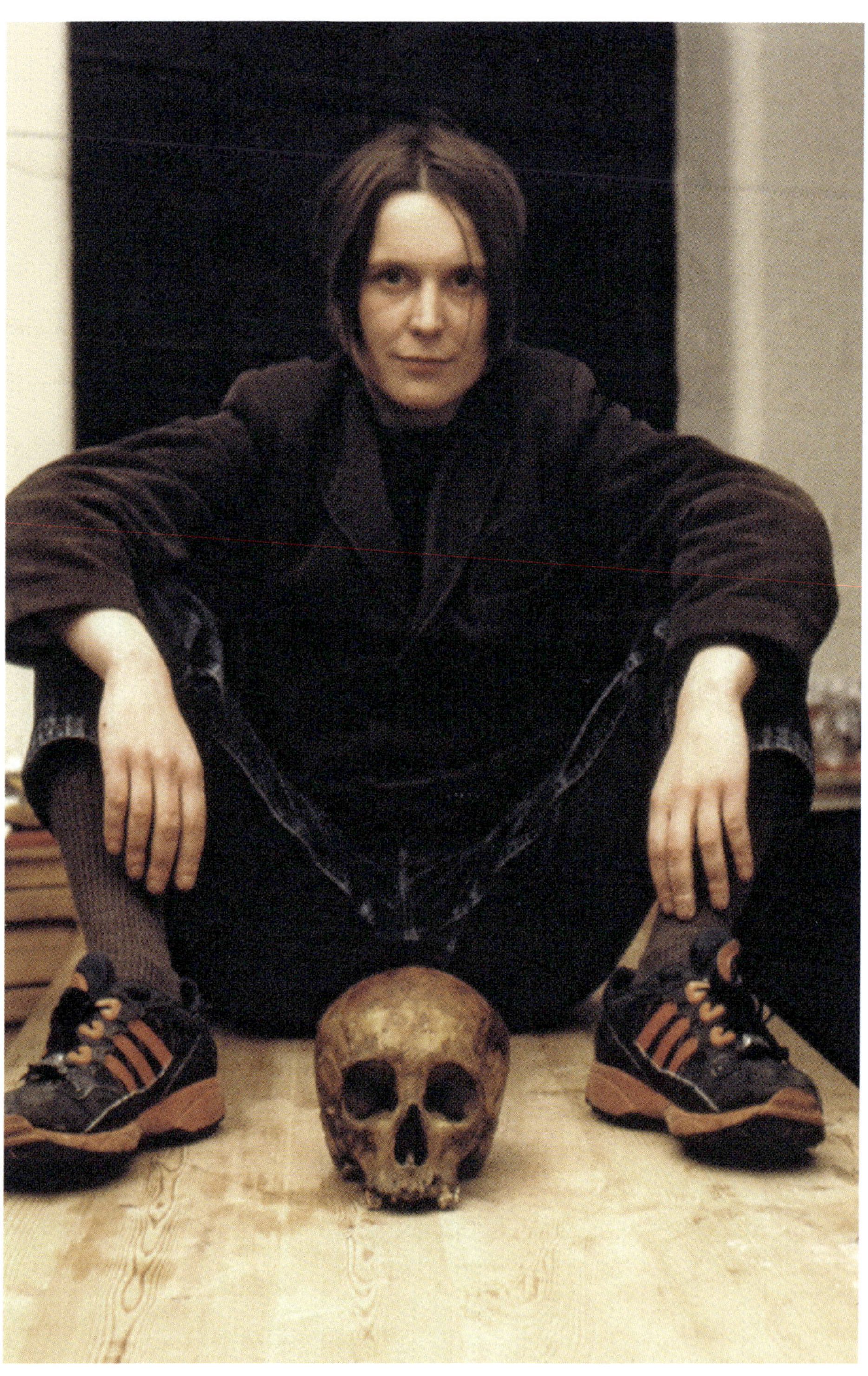

Sarah Lucas
Selbstporträt mit Totenkopf, 1997

ACHTSAMKEITSÜBUNG

Memento Mori

Die Menschen haben sehr unterschiedliche Einstellungen zum Tod. Einige glauben an die Unsterblichkeit der Seele, andere an die Wiedergeburt des Körpers. Was auch immer Ihre Meinung sein mag, ist die achtsame Kunst des Momento mori sicher wertvoll für Sie. Der lateinische Ausdruck bedeutet »Sei dir deiner Sterblichkeit bewusst« und ist eng mit den Stillleben verbunden, auf denen Künstler Totenköpfe, ausgeblasene Kerzen und verdorbenes Obst darstellen. Aber auch in der Fotografie gibt es eine vergleichbare Tradition: von der Totenfotografie der viktorianischen Zeit bis zu zeitgenössischen allegorischen Werken von Künstlern wie Joel-Peter Witkin und Sarah Lucas. Mit dieser Übung lade ich Sie ein, diese Tradition aufzunehmen.

Sitzen Sie zunächst ganz still, lassen Sie die Augen geöffnet, aber ruhig, und legen Sie die Hände in den Schoß. Nehmen Sie alles um sich herum mit behutsamer Aufmerksamkeit wahr – Zeichen, Töne, Licht, Raum – und überlegen Sie, wie vergänglich oder flüchtig die Dinge sind. Atmen Sie aus und achten dabei darauf, wie sich das Leben mit dem Ausatmen erneuert.

Entspannen Sie in dieser Meditation und akzeptieren Sie, dass nichts so bleibt, wie es ist – weder Ihr Atem, Ihre Gedanken, Ihr Körper, Ihre Identität noch die Beziehungen zwischen Menschen, Ländern oder Teilen unserer sich ständig ändernden politischen und ökologischen Systeme. Ergeben Sie sich der Vergänglichkeit.

Überlegen Sie nun, wie Sie diese innere Einkehr durch Fotografieren vertiefen könnten. Sie könnten zum Beispiele Dinge dokumentieren, die sich verändern, sterben, zerfallen oder neu geboren werden. Auch könnten Sie mithilfe von Fototechnik experimentieren, wie Sie Zeit und Raum festhalten können. Sie könnten Fotos von Menschen, Dingen oder Orten auseinandernehmen oder zusammensetzen und damit mit Erfahrungen wie Liebe und Verlust, Anwesenheit und Abwesenheit spielen. Wie werden Sie durch die Konzentration auf den Tod wacher für das pralle Leben?

Nachwort

Wir sind zum Ende gekommen. Und Sie befinden sich wie am Anfang im gegenwärtigen Augenblick. Wenn Sie dieses Buch angesprochen hat, dann können Sie Ihre Aufmerksamkeit vielleicht jetzt bewusster lenken, lassen sich weniger von Ihren Gedanken einfangen und nehmen flüchtige Eindrücke deutlicher wahr: Licht, das durch den Blätterwald fällt, ein auffliegender Vogel, ein Lächeln, das sich im Gesicht eines Menschen entfaltet.

Sie können diese Augenblicke einfach häufiger mit Ihrer Kamera aufzeichnen und Ihre Bilder mit anderen Menschen teilen, ganz als würden Sie sie anrufen, um sie zu einem gemeinsamen Spaziergang einzuladen. Aber meist reicht es aus, aufmerksam und dankbar zu sein. »Selbst wenn ich kein Foto mache, ist mein Blick einfach nur dadurch deutlich schärfer, dass ich meine Kamera dabeihabe und nach einem Motiv suche. Ich beobachte bewusster und erfahre so viel mehr vom Leben«, schrieb Kent Reno in *Camera & Darkroom* (Kamera und Dunkelkammer).

Natürlich können Sie das Buch nun noch einmal von vorne lesen und – mit dem Geist des Anfängers – so tun, als sei es das erste Mal. Wenn Sie die Übungen dabei erneut praktizieren, werden Sie neue Einsichten und mehr Mitgefühl gewinnen. Wenn Sie noch mehr Ermutigung brauchen, um den Blick und den Geist des Anfängers anzunehmen, folgen Sie den Worten Elliott Erwitts. Viele berühmte Werke des zwanzigsten Jahrhunderts stammen aus seiner Kamera, aber noch im Alter von 82 Jahren behauptete er: »Ich bin ein Amateurfotograf und kann dem Profi nicht das Wasser reichen. Aber ich denke, dass Fotos von Amateuren besser sind.«

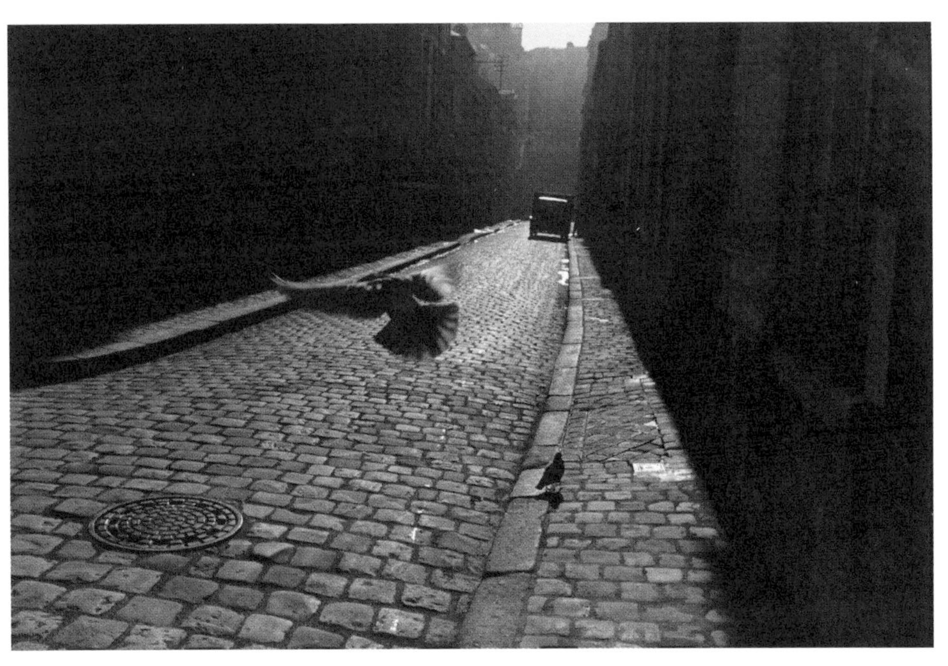

Elliott Erwitt
Orléans, Département Loiret, 1952

QUELLENANGABEN

Der Romanautor Cormac McCarthy erklärte einst in einem Interview »Bücher werden aus Büchern gemacht«. Ich bin all jenen dankbar, deren Schriften mein eigenes Schreiben beeinflusst haben. In der nachfolgenden Auflistung habe ich versucht, alle Quellen der in der englischen Fassung des Buches enthaltenen Zitate aufzuführen. Die Zitate wurden für das vorliegende Buch in die deutsche Sprache übersetzt. Ich hoffe, dass Sie Ihnen als Leser als Inspiration dienen, um tiefer in den Reichtum und die Kreativität der spirituellen Lehren einzusteigen, von denen ich profitiert habe. Bitte entschuldigen Sie mögliche Ungenauigkeiten und informieren Sie den Herausgeber über Änderungen, die in zukünftigen Ausgaben eingearbeitet werden sollten.

Einleitung

7 »The times are urgent…«, Bayo Akomolafe <www.bayoakomolafe.net>

8 »Take notice. Be curious…«, New Economics Foundation, »Five Ways To Wellbeing«

9 »All the technique in the world…«, Elliott Erwitt

9 »Mindfulness isn't the answer to everything…«, Angel Kyodo Williams <angelkyodowilliams.com>

10 »The camera is an instrument…«, Dorothea Lange, zitiert nach Philip Kennicott, »Dorothea Lange: Words & Pictures' im Museum of Modern Art, *The Washington Post*, 20. Februar 2020

11 »There is nothing to do…«, Mark Nepo, aus *Accepting This* <marknepo.com/poems_accepting.php>

Klarheit

13 »Our actions are impeded…«, Margaret Wheatley <margaretwheatley.com/online_2021/>

14 »Let's be clear…«, Robert Adams, in: Sasha Wolf, »From Robert Adams to Rinko Kawauchi: how photographers work«, *Financial Times*, 4. Oktober 2019 <www.ft.com/content/4f15e162-e4a5-11e9-9743-db5a370481bc>

14 »I'd like to document…« Robert Adams, »Interview: Photography, Life, and Beauty«, *Art21* <art21.org/read/robert-adamsphotography-life-and-beauty/>

14 »Taking photographs and practicing meditation…« Stephen Batchelor, aus »Seeing The Light«, *Leaping Clear*, <www.leapingclear.org/stephen-batchelor>

15 »A photographer can describe…« Robert Adams, *Beauty in Photography: Essays in Defence of Traditional Values* (Aperture, New York, 1981) © Robert Adams. Mit freundlicher Genehmigung der Fraenkel Gallery, San Francisco

Neugier

21 »It is part of the photographer's job…«, Bill Brandt, *Camera in London* (Focal Press, London, 1948), S. 14

22 »There is a profound connection…«, Teju Cole, »Fernweh: An Interview with Teju Cole«, *ASX*, 5. März 2020, <americansuburbx.com/2020/03/fernwehan-interview-with-teju-cole.html>

22 »My natural and continuing curiosity…« und »The process of photographing…«, Siân Davey <www.siandavey.com>

25 »How many colours are there…«, Stan Brakhage, *Metaphors on Vision*, 1963. Hrsg. P. Adams Sitney. Anthology Film Archives and Light Industry, 2017

26 »People often say…«, Rinko Kawauchi, »10 Questions to Rinko Kawauchi about photography«, *Ping*, 11. August 2006

Hingabe

29 »Do not depend on the hope…«, Thomas Merton, Brief an Jim Forest, 21. Februar 1966, wiedergegeben in *The Hidden Ground of Love: Letters by Thomas Merton*, ed. William H. Shannon (Farrar, Straus & Giroux, New York, 1985)

30 »How the blank side of a frame...«, Thomas Merton, *Turning Towards the World: The Pivotal Years*, ed. Victor A. Kramer (Harper Collins, San Francisco, 1996), S. 194

30 »What I am trying to do...«, Rinko Kawauchi, Interview (Video) des San Francisco Museum of Modern Art <www. youtube.com/watch?v=bWzj6AuHiGk>

31 »If one reaches the point...«, Thomas Merton, aus: *ZEN AND THE BIRDS OF APPETITE*, Copyright © 1968 by The Abbey of Gethsemani, Inc. Reprinted by permission of New Directions Publishing Corp.

33 »In the cabbage...«, Edward Weston, Tagebuch 1930, zitiert nach Thea Gregory, *An Icon of Modernist Photography: Edward Weston's »Cabbage«*, Huxley–Parlour Gallery, 10. März 2018 <huxleyparlour.com/ critical-texts/ an-icon-of-modernistphotography/>

Vertrauen

35 »When attunement is reached...«, David Ulrich, *Zen Camera* (Watson-Guptill, New York, 2018), S. 117–18.

36 »My way to combat...«, Ami Vitale, in: »How Top Photographers Conquer Self-Doubt, Part 3«, *Photo District News*, 28. Oktober 2016 <pdnonline.com/ photographybusiness/photo-clients/ top-photographersconquer-self-doubt-part-3/>

36 »I committed to all weathers...« und »When you are immersed...«, Tamsin Calidas, Briefwechsel mit Sophie Howarth,9. und 10. Juni 2021

37 »When you learn to trust yourself...«, John Daido Loori, Dharma Communications, Inc.

39 »You can't be creative without being vulnerable...«, Elizabeth Gilbert, »This Quote is Not True!«, 23. November 2013 <www.elizabethgilbert.com/ this-quote-is-not-true-listen-upyou-guys-its-time-to-set-the-record-stra/>

Bescheidenheit

41 »It formed me, guided me...«, Dorothea Lange, zitiert nach: Alice Gregory, »How Dorothea Lange Defined the Role of the Modern Photojournalist«, *The New York Times*, 21. Februar 2010

42 »I think the best thing you can do is...«, Fazal Sheikh, Interview mit Eliza Gregory, *Look at the Birdie*, 15. April 2010 <elizagregory.wordpress.com/2010/04/15/ fazal-sheikhfear-vulnerability-and-openness>

43 »The despised, the defeated...«, Dorothea Lange, »The Last Ditch«, 1965, Ausstellungstext für »Dorothea Lange«, 26. Januar-10. April 1966, Museum of Modern Art, New York <www.moma.org/magazine/ articles/245>

43 »I never steal a photograph...«, Dorothea Lange, auszugsweise zitiert nach: Anne Whiston Spirn, *Daring to Look: Dorothea Lange's Photographs and Reports From the Field* (University of Chicago Press, Chicago, 2008) <press.uchicago.edu/Misc/ Chicago/769844.html>

43 »So often it's just sticking around ...«, Dorothea Lange, Gespräch mit Richard K. Doud, Smithsonian Archives of American Art, 22. Mai 1964 <https://www.aaa.si.edu/ download_pdf_transcript/ ajax?record_id=edanmdm-AAADCD_ oh_213615>

43 »I want to be able...«, Fazal Sheikh, auszugsweise zitiert nach: Ken Light, *Witness in Our Time: Working Lives of Documentary Photographers* (Smithsonian Institution Press, Washington D.C., 2000) <www.fazalsheikh.org/fileadmin/ user_upload/Fazal-Sheikh/Essays/ witness_in_our_time.pdf>

43 »The way I am working...«, Fazal Sheikh, Gespräch mit Eric Gottesman, *Artwurl*, Februar 2003 <https://www.fazalsheikh. org/fileadmin/user_upload/Fazal-Sheikh/ Selected_Reviews/2003_artwurl_ gottesman.pdf>

Kulturelle Achtsamkeit

48 »The camera has often been a dire instrument…«, Yvonne Vera, *Thatha Camera: The Pursuit for Reality* (National Gallery in Bulawayo, Bulawayo, 1999)

48 »I think that Indigenous women…«, Kali Spitzer, »Portraits of resilience«, Interview in *High Country News*, 16 April 2019 www.hcn.org/articles/tribal-affairs-portraitsof-resilience-tintype-photography

49 »Love and justice are not two…«, Angel Kyodo Williams und Lama Rod Owens mit Jasmine Syedullah, PhD, *Radical Dharma: Talking Race, Love, and Liberation* (North Atlantic Books: 2016), S. 209

51 »A feeling of aversion or attachment …«, Ram Dass <ramdass.org>

Dankbarkeit

53 »Being satisfied with what we…«, Pema Chödrön, »Satisfaction«, zitiert nach Frederic and Mary Ann Brussat, *The Wisdom of No Escape and the Path of Loving-Kindness*: Book Review', *Spirituality & Practice* <www.spiritualityandpractice.com/book-reviews/view/16880/the-wisdom-of-no-escape>

53–54 »Taking one photo every day…«, Hailey Bartholomew <365grateful.com>

54 »When you smother something…«, Jim Brandenburg, *LIFE magazine: The Eisie Issue*, Sammlerausgabe (Time Warner, New York, 1997), S. 41

54 »I've made millions of images…«, Jim Brandenburg, »See This Enchanting Spring Landscape Come to Life«, *National Geographic*, 8. März 2016 <www.nationalgeographic.com/photography/article/spring-change-seasonsnature-minnesota>

55 »Taking pictures is savoring life…«, Marc Riboud, handgeschriebene Notiz. Mit freundlicher Genehmigung von *Les amis de Marc Riboud* <marcriboud.com>

Offenheit

61 »When we photograph…«, Howard Zehr, *The Little Book of Contemplative Photography* (Good Books, New York, 2005)

61 »We cannot receive until we surrender…«, Julie DuBose, *Effortless Beauty* (Miksang Contemplative Photography, 2013) www.miksang.com/effortless-beauty/

62 »The state of mind of a photographer…«, Minor White, »The Camera, Mind and Eye«, Zeitschrift *Aperture*, 1959

62 »I didn't yet have any sense that art…« und »Minor's instructions echoed in my mind…«, John Daido Loori, excerpt from *The Zen of Creativity: Cultivating Your Artistic Life* (Ballantine, New York, 2005), *The Awakened Eye* <theawakenedeye.com/pages/let-your-subject-find-you/>

63 »You don't have to go looking…«, Lee Friedlander, in *Documentary Photography – LIFE Library of Photography* (Time-Life Books, New York, 1975), S. 178

65 »When gifts are given to me…«, Minor White, in: *Interviews With Master Photographers* (New York: Paddington Press, 1977), pp. 14–35. Aus: *Interviews With Master Photographers*: Minor White, Imogen Cunningham, Cornell Capa, Elliott Erwitt, Yousuf Karsh, Arnold Newman, Lord Snowdon, Brett Weston by James Danziger

67 »Photographing in public…«, Melanie Einzig, in Sophie Howarth und Stephen McLaren, *Street Photography Now* (Thames & Hudson, London, 2010), S. 40

68 »Photography is not documentation but intuition…«, Henri Cartier-Bresson, *The Decisive Moment* (Simon & Schuster, New York, 1952)

Doppeldeutigkeit

71 »I like it when one is not certain…«, Saul Leiter, zitiert nach »Saul Leiter: Retrospective, The Photographers' Gallery«, *Aesthetica* magazine, 16 February 2016 <aestheticamagazine.com/saul-leiter-retrospective/>

71 »A window covered with raindrops…«, Saul Leiter, *In No Great Hurry*, dir. Thomas Leach (2013)

72 »I seem to revisit a slowed-down reality…«, Nadav Kander, Gespräch im Rahmen des Symposiums *Here London* <www.youtube.com/watch?v=sxXQH8TIW3g>

72 »In most images the subject…«, Uta Barth in »Light, Looking: Uta Barth by Sabine Mirlesse«, *BOMB* magazine, 22. März 2012 <bombmagazine.org/articles/light-lookinguta-barth/>

75 »A portrait is one way…«, Nadav Kander im Gespräch mit David Campany, NADAV KANDER: THE MEETING, STEIDL, 2019 <davidcampany.com/nadav-kanderexchange-david-campany/>

79 »Empty your mind, be formless…«, Bruce Lee. Bruce Lee Enterprises, LLC. All Rights Reserved

80 »There are things that live through us…«, Susan Derges, »Tide Pools«, *Photomonitor*, März 2016. Susan Derges and Purdy Hicks Gallery, London

Spielerische Leichtigkeit

83 »What I want is to stay free…«; »I don't want to declare…«; I want to be open to everything…«, Ernst Haas www.ernst-haas.com/site/philosophy.html

84 »Style can turn one into a slave…«, Gueorgui Pinkhassov <www.magnumphotos.com/photographer/gueorguipinkhassov/>

84 »This is beyond profession…«, Georgui Pinkhassov, »Sophistication Simplication«, Magnum, 12. April 2016 <www.magnumphotos.com/theory-and-practice/gueorguipinkhassov-sophistication-simplification/>

85 »If there were no laughter…«, Lao Tzu, *Tao Te Ching*, chapter 41

86 »Beware of direct inspiration…«, Ernst Haas, »Color Theories« © Estate of Ernst Haas

91 »The most important…«, Georgui Pinkhassov, »Sophistication Simplication«, Magnum, 12. April 2016 < www.magnumphotos.com/theory-and-practice/gueorguipinkhassov-sophistication-simplification/>

Ausdauer

93 »I felt the constant company of doubt…«, Teju Cole, »Far Away From Here«, *The New York Times*, 23. September 2015 <www.nytimes.com/2015/09/27/magazine/far-away-from-here.html>

93–94 »Over the years…«, Rebecca Norris Webb im Interview mit Dave Bacher »TWO QUESTIONS: on endings' <webbnorriswebb.wordpress.com/2009/09/21/two-questions-on-endings/>

94 »Street photography is 99.9 percent about failure…«, Alex Webb, *Alex Webb and Rebcecca Norris Webb on Street Photography and the Poetic Image* (New York: Aperture, 2014)

94 »Negative capability«, John Keats, letter to George and Thomas Keats, Dezember 1817

96 »Everybody I know…«, Ira Glass, Public Radio International/Current.tv »Ira Glass on Storytelling Part 3« <www.youtube.com/watch?v=BI23U7U2aUY>

97 »Perseverance, fortitude, and discipline…«, Steve McCurry interviewed by Robert Keeley, *Australian Photography*, März 2013 <www.australianphotography.com/profiles/steve-mccurrythe-interview>

Mitgefühl

99 »I am a human in love…«, Leticia Valverdes, »Ten Questions: Leticia Valverdes«, *Photo Voice*, 28. September 2018 <photovoice.org/ten-questions-with-letitia-valverdes/>

100 »I felt that maybe I had something unique…«, Giles Duley, Wex Photo Video, *More Than An Image* (2016) <www.youtube.com/watch?v=8T4MAY31804>

100 »Wherever I go, people's hopes and dreams are the same…«, Giles Duley, Interview mit Angelina Jolie, *Humanity*, 5. Februar 2017 <mag.citizensofhumanity.com/blog/2017/02/05/giles-duley-angelina-jolie/>

101 »If a photographer cares about the people…«, Eve Arnold, quoted in Phil Bicker, »Eve Arnold: 12. April 1912–4. Januar 2012«, *TIME*, 5. Januar 2012 <time.com/3784671/eve-arnold-21-april-1912-4-january-2012/>

102 » I'm interested in our shared humanity…«, Giles Duley, Interview mit Angelina Jolie, *Humanity*, 5 February 2017, https://mag.citizensofhumanity.com/blog/2017/02/05

105, »I live my life in widening circles…«, Rainer Maria Rilke, aus »I Live my Life in Widening Circles«, *Book of Hours* (1905)

Ehrlichkeit

107–108 »We have a fear of facing ourselves…«, Chögyam Trungpa, »Facing Yourself«, *Smile at Fear: Awakening the True Heart of Bravery* (Boulder, CO: Shambhala, 2009)

108 »I met children who were wise or weary…«, Jenny Lewis, im Gespräch mit Sophie Howarth.

109 »Being entirely honest… «, Sigmund Freud, Brief an Wilhelm Fliess, 15. Oktober 1897, zitiert nach *Origins of Psychoanalysis* (Library of Congress, Manuscript Division, Sigmund Freud Papers)

113 »Let your body relax…«, Jack Kornfield, »Meditation on Stopping the War Within« <https://jackkornfield.com/meditation-on-stoppingthe-war-within-2/>

Akzeptanz

115 »There actually is a way to let…«, Jon Kabat-Zinn, *Letting Everything Become Your Teacher: 100 Lessons in Mindfulness* (New York: Bantam Doubleday Dell, 2009)

115 »This blow helped to awaken…«, David Ulrich, »About the Author« <creativeguide.com/about-the-author/>

116 »How can you use your deepest fears…«, David Ulrich, *The Widening Stream: The Seven Stages Of Creativity* (Hillsboro, OR: Beyond Words Publishing, 2002)

116 »This altered everything 360 degrees…«, John Dugdale, Interview mit Sara Tasini, Holden Luntz Gallery magazine <www.holdenluntz.com/magazine/dialogues/john-dugdale/>

116 »I wouldn't change anything…«, John Dugdale, Aufzeichnungen zu mündlichem Gespräch mit Theodore Kerr, Smithsonian Archives of American Art, 17. Januar 2017 <www.aaa.si.edu/collections/interviews/oral-historyinterview-john-dugdale-17424#transcript>

117 »The boundary to…«, Tara Brach, »Awakening from the Trance of Unworthiness«, *Radical Acceptance*, Juli 2014 <www.tarabrach.com/articles-interviewsawakening-from-the-trance/>

119 »Lean into the sharp points…«, Pema Chödrön, *The Places That Scare You: A Guide to Fearlessness in Difficult Times* (Boulder, CO: Shambhala, 2002), S. 34

Großzügigkeit

122 »Seekers of justice and peace…«, Howard Zehr, *The Little Book of Contemplative Photography* (Intercourse, PA: Good Books, 2005)

122 »My goal…has been to humanize…«, Howard Zehr im Interview mit Brunilda Pali, *Restorotopias* <www.restorotopias.com/2018/11/21/a-conversation-withhoward-zehr/>

122 »The practice of generosity…«, Natasha Lythgoe <www.theartofrewilding.com/fearless-generosity>

123 »Attention is the rarest and purest …«, Simone Weil, letter to Joë Bousquet, 13. April 1942, in Simone Pétrement, *Simone Weil: A Life,* trans. Raymond Rosenthal (New York: Pantheon Books, 1976)

125 »At the deepest level…«, Jon Kabat-Zinn, *Wherever You Go, There You Are* (London: Piatkus, 1994)

Vergänglichkeit

127 »Far from being morbid...«, David DuChemin, »Memento Mori«, *A Beautiful Anarchy* podcast, Episode 059 <www.abeautifulanarchy.com/podcast/episode-059

128 »I see both beauty and...«, Sally Mann, *Hold Still: A Memoir with Photographs* (New York: Back Bay Books, 2016), S. 414–15

128 »This spare, otherworldly aesthetic...'; »It is the last photograph...«, Sarker Protick interviewed von Sophie Howarth, *Family Photography Now* (London: Thames & Hudson, 2016)

129 »The lessons of impermanence...«, Sally Mann, *Still Time* (Clifton Forge, VA: Alleghany Highlands Arts and Crafts Center, exh. cat., 1988)

Nachwort

134 »I discovered that even if I didn't always take a picture...«, Kent Reno, »The casual observer: A street photographer's world view', *Camera & Darkroom*, August 1994, S. 38

134 »I'm an amateur photographer...«, Elliott Erwitt, *Vanity Fair*, 2011 <www.vanityfair.com/culture/2011/05/elliott-erwitt-photos-slideshow-201105>

WEITERFÜHRENDE LITERATUR

Cameron, Julia, *The Artist's Way: A Spiritual Path To Higher Creativity* (Los Angeles, CA: Jeremy P. Tarcher/Perigee, 1992)

Chödrön Pema, *Becoming Bodhisattvas: A Guidebook for Compassionate Action* (Boulder, CO: Shambhala, 2018)

Dubose, Julie, *Effortless Beauty: Photography as an Expression of Eye, Mind and Heart* (Halifax, NS: Miksang Publications, 2013)

Gross, Philippe L., and S. I. Shapiro, *The Tao of Photography: Seeing Beyond Seeing* (Berkeley, CA: Ten Speed Press, 2001)

Kabat-Zinn, Jon, *Wherever You Go, There You Are: Mindfulness Meditation in Everyday Life* (New York, NY: Hyperion, 1994)

Karr, Andy, and Michael Wood, *The Practice of Contemplative Photography: Seeing the World with Fresh Eyes* (Boulder, CO: Shambhala, 2011)

Towler, Solala, *Practicing the Tao Te Ching: 81 Steps of the Way* (Louisville, CO: Sounds True, 2016)

Trungpa, Chögyam und Carolyn Rose Gimian, *Shambhala: The Sacred Path of the Warrior* (Boulder, CO: Shambhala, 1998)

Trungpa, Chögyam und Carolyn Rose Gimian, *Smile at Fear: Awakening the True Heart of Bravery* (Boulder, CO: Shambhala, 2009)

Trungpa, Chögyam und Judith Leif, *True Perception: The Path of Dharma Art* (Boulder, CO: Shambhala, 2008)

Ulrich, David, *Zen Camera: Creative Awakening with a Daily Practice in Photography* (New York, NY: Watson-Guptill, 2018)

Walker, Rob, *The Art of Noticing* (London: Ebury, 2019)

Williams, Angel Kyodo, *Radical Dharma: Talking Race, Love, and Liberation* (Berkeley, CA: North Atlantic Books, 2016)

Zehr, Howard, *The Little Book of Contemplative Photography: Seeing With Wonder, Respect And Humility* (New York, NY: Simon and Schuster, 2005)

BILDNACHWEISE

6 Marguerite Bornhauser, *Ohne Titel, Rote Ernte*, 2019 © Marguerite Bornhauser

12 Rebecca Norris Webb, *Sturmlicht, nahe Fairburn, Süddakota*, 2011. USA. © Rebecca Norris Webb, aus dem Buch *Slant Rhymes* mit Alex Webb/Vertrieb durch Magnum Photos 16, 17 Robert Adams, *Clatsop County* 1999–2003 © Robert Adams, mit freundlicher Genehmigung der Fraenkel Gallery, San Francisco

20 Sian Davey, *Auf der Suche nach Alice, ZUHAUSE*, Dezember 2014 © Sian Davey

23 Teju Cole, *Brooklyn, Dezember 2014*, aus *Blind Spot*, 2017. Mit freundlicher Genehmigung des Künstlers

27 Rinko Kawauchi, Ohne Titel (vier Bilder) aus der Serie *UTATANE*, 2001 © Rinko Kawauchi

28 Thomas Merton, *#34 Schubkarre an der Einsiedelei, ca.* 1966–67. Fotografiert von Thomas Merton. Verwendet unter Genehmigung von Merton Legacy Trust und dem Thomas Merton Center an der Bellarmine University

32 Edward Weston, *Kohlblatt*, 1931. [voll entwickeltes Blatt]. Silbergelatineabzug. Gesamt: Primärbild 19,1 × 24,1 cm, Sekundärbild: 34,9 × 40,6 cm, Bild: 19,1 x 24,1 cm). Geschenk von Ansel and Virginia Adams. Inv. N.: 76.21.1. Location: Collection Center for Creative Photography, The University of Arizona Foundation © 2021. Scala, Florence/ Edward Weston © Center for Creative Photography, Arizona Board of Regents

34a Tamsin Calidas, *Onyx-Atem*, 2021 © Tamsin Calidas Photography

34b Tamsin Calidas, *Salzkonfluenz*, 2020 © Tamsin Calidas Photography

40 Dorothea Lange, *Familie zwischen Dallas und Austin, Texas*, 1936. Library of Congress, Prints & Photographs Division, FSA/OWI Collection, LC-DIG-fsa-8b29790

44 Fazal Sheikh, *Sofia Hassan Mahmoud und ihr Bruder Isaac, Somali-Flüchtlingslager, Mandera, Kenia*, 1992 © Fazal Sheikh

46 Kali Spitzer, *Be & Madeline II, Kind und Mutter in liebevoller Umarmung, angestammtes und unbestrittenes Land der Musequeam-, Squamish- and Tsleil-Waututh-Völker (Vancouver, BC, Kanada)*, 2020. Scan mit 20 × 25 cm Tintype © Kali Spitzer, 2020

52 Matt Stuart, *Wrentham Avenue London*, 2013 © Matt Stuart 56, 57 Jim Brandenburg, Fotografien (vier Bilder) aus der Sammlung *Frühling*. Jim Brandenburg

56, 57 Jim Brandenburg. Fotos (vier Bilder) aus der Sammlung *Flüchtlinge*. Jim Brandenburg

59 Todd McLellan, *Dinge fallen auseinander, Alte Kamera* (zerlegte Pentax-Kamera), 2019 © Todd McLellan. Alle Rechte vorbehalten

60 Melanie Einzig, *Spring Corner, New York*, 2000 © Melanie Einzig

64 Minor White, *Fensterbank, Tagträumen, Rochester, 17. Juli* 1958. Silbergelatineabzug, 31,4 × 24,6 cm (Bild); 39,3 × 33 cm (Blatt). Museumserwerb, Geschenk von David H. McAlpin, 1920er Klasse (1970-15). © Trustees of Princeton University

69 Henri Cartier-Bresson, *Frankreich. Das Département Var. Hyères.* 1932. © Henri Cartier-Bresson © Fondation Henri Cartier-Bresson

70 Saul Leiter, *Gehen Sie mit Soames*, 1958 © Saul Leiter Foundation. Mit freundlicher Genehmigung der Howard Greenberg Gallery

73a Kate Kirkwood, *Stierrücken*, 2009 © Kate

73b Kate Kirkwood, *Kuhrücken mit Farnkraut*, 2010 © Kate

74 Nadav Kander, *Thom Yorke IV, London, England*, 2015 © Nadav Kander. Mit freundlicher Genehmigung der Flowers and Howard Greenberg Gallery

76–77 Uta Barth, ... *ohne Ziel gehen und nur sehen, um zu sehen*. (*Ohne Titel 10.2*), 2010. 2 Tintenstrahldrucke in lackierten Aluminiumrahmen. Gesamtmaße der Installation: 104,8 × 202,6 cm. Linkes Bild: 104,8 × 81,9 cm (gerahmt). Rechtes Bild: 104,8 × 117,5 cm (gerahmt). 6 Ausgaben; 2 APs. Mit freundlicher Genehmigung der Künstlerin und der Tanya Bonakdar Gallery, New York / Los Angeles

81 Susan Derges, *Der Fluss Taw*, 1998. Mit freundlicher Genehmigung der Künstlerin und der James Danziger Gallery

82 Matt Stuart, *Buñol, Spanien*, 2017 © Matt Stuart

87 Ernst Haas, *Öl auf Wasser. Die Regenbogen-Korona eines auf Wasser schwimmenden Ölflecks in New York City*. 1953. Aus dem Buch *Colour Photography*. Foto von Ernst Haas/Ernst Haas/Getty Images

88, 89 Georgui Pinkhassov, Bilder (acht Bilder) aus dem Buch *Sophistication Simplification*. Eine Sammlung von Instagram-Fotos. © Gueorgui Pinkhassov/Magnum Photos

92 Trent Parke, *Australien, NSW. Newcastle*, 2010. *Spinnennetz an meinem Schlafzimmerfenster* © Trent Parke/ Magnum Photos

95a Alex Webb, *MEXICO. Nuevo Laredo, Tamaulipas*, 1996 © Alex Webb/Magnum Photos

95b Rebecca Norris Webb, *USA. Heißer Frühling, Süddakota*, 2006 © Rebecca Norris Webb, aus dem Buch *Slant Rhymes* mit Alex Webb/Vertrieb durch Magnum Photos

98 Leticia Valverdes, *Paula, Maori und Madiba,* aus der Serie *Muttermale*, 2013 Brazil. © Leticia Valverdes

103 Giles Duley, *Murad, 5 Jahre alt, aus Idlib – Bekaa Valley, Libanon*, 2016 Giles Duley/UNHCR

106l Jenny Lewis, *Jack 7/100*, aus *100 Jahre* © Jenny Lewis

106r Jenny Lewis, *Ron 93/100*, aus *100 Jahre* © Jenny Lewis

110–111 John Coplans, *Liegender Mensch, Beine haltend*, Vier Teile, 1990 © The John Coplans Trust

114 David Ulrich, *See-Mauer, Magic Island, Honolulu, Hawai'i*, 2018. David Ulrich

120 Natasha Lythgoe, *Furchtlose Großzügigkeit*, May 2018 © Natasha Lythgoe, www.theartofrewilding.com

126 Sally Mann, *Hephaistus*, 2008. Silbergelatineabzug 38,1 × 343 cm. Edition of 5 © Sally Mann. Mit freundlicher Genehmigung von Gagosian

130, 131 Sarker Protick, vier Bilder aus der Serie *Was bleibt*, 2012–2016 © Sarker Protick

132 Sarah Lucas, *Selbstporträt mit Totenkopf*, 1997, aus einem Portfolie von 12 Iris-Abzügen, *Selbstportäts 1990–1998*, 1999 © Sarah Lucas. Mit freundlicher Genehmigung von Sadie ColesHQ, London

135 Elliott Erwitt, *Orléans*. 1952. *Département Loiret*. © Elliott Erwitt/Magnum Photos

DANKSAGUNG

An diesem Buch haben viele Köpfe, Herzen und Hände gearbeitet.

Ich danke allen Fotografen, deren Werke hier vorgestellt werden. Eure Arbeit erfüllen mich mit tiefer Demut.

Danke an Andrew Sanigar, Johanna Neurath, Sophie Mead, Kate Edwards, Carolyn Jones, Annalaura Palma, Matthew Young, Amanda Vinnicombe und Sadie Butler für euer Vertrauen in mich, eure Aufgeschlossenheit für den kreativen Prozess und eure Hingabe für das Design und die Details.

Ich danke Nick Cobbing, Charlie Davies, Phil Ralph, Phil Robbins, Neena Sims, Chris Johnstone, Tess Horvath, Meg Wheatley und Jerry Granelli für die herausfordernden und erhellenden Gespräche über Achtsamkeit, Kreativität und Meditation.

Zac und Isky, ich danke euch dafür, dass ihr meine Neugier und mein Mitgefühl, meine spielerische Leichtigkeit und meine Ausdauer täglich trainiert.

Und ich danke dir, Sarah, für deine Liebe, Großzügigkeit und Bereitschaft, jeden Schritt des Weges mit mir zu gehen.